林裕峯◎主編

築夢進行曲

20位來自不同領域的專業達人與您分享築夢箴言

U0032095

王顥哲、林思誠、許敏義、王宥勻、沈雲謙、林殷羽、吳昆達、
王齡憶、孫詰洋、楊允淇、崔嘉容、許芷芸、黃俊傑、黃其偉、
葉芸伊、郭育彤、吳家宇、林裕峯、吳佰鴻、高士禮 ── 合著

有夢最美，讓我們構築無悔的人生

林裕峯

今天，你做夢了嗎？是白日夢還是築夢踏實？

不同的夢，帶來不同的結果。如同當年萊特兄弟，心裡有個飛翔的夢，有朝一日要飛上天空；後來他們的夢想，不僅改變了他們自己的人生，也改變了全人類的生活模式。微軟的比爾蓋茲、蘋果的賈伯斯、阿里巴巴的馬雲，每一個改變世界的偉人，都曾經擁有一個很強大的夢。

當然，人各有志，有人想要當總統，有人要賺大錢，但也有人只想追求真愛，或者當個平凡但快樂的人。做夢沒有一個標準，重點是，每個夢都要對自己負責，畢竟人生就這一遭，不好好的去築夢踏實，就太對不起自己的人生了。

本書，收集了來自不同領域的 20 位達人，他們各自擁有不同的夢。特別的是，他們用各種正向的方法來實現他們的夢。

這 20 個人中，有已經步入退休年齡，卻勇於開創事業第二春的不老鬥士；也有十幾歲就立志創業，如今才二十幾歲就擁有自己事業的青年。這些夢想家涵蓋不同領域，主題從最傳統的工廠，到最熱門的虛擬貨幣，包含企業家、創業家、實業家、勵志演說家，也包含軍人、老師、發明家、音樂家。他們有著完全不同的出身背

景，經歷過不同的築夢困境以及心路歷程。

　　本書歸納了六大類的築夢專題，在青年立志篇，我們介紹了三位青年才俊，他們才二十幾歲，就走出自己的事業之路。創業有成篇，顧名思義，介紹的是打造成功的企業，讓這些創業家們現身說法，分享他們的心路歷程。職場轉換篇，則可能更符合許多職涯人的心聲，在人生這條長長的跑道上，也許一個人要經歷過不同的轉換，才能真正找到自己的夢。志業格局篇，引介的夢想，超越事業或者財富，而有著服務人群或其他淑世的職志。當然，也要包括轉念再起篇，他們的人生經歷挫折，也曾跌落谷底；他們後來也找出自己新的人生路。最後，攀登巔峰篇，則介紹三位追求事業，帶來新突破新境界的故事。

　　我們人人都有自己的夢想，每個夢想都有不同的模式。也許坊間有許多不同的大師及專業學者，教我們如何做夢追夢築夢；但這裡，我們透過來自實戰領域第一線的現身說法，和各位讀者分享他們的築夢心聲，也分享寶貴的生命經驗。

　　這裡有 20 篇真情告白、真心分享與真誠建言。

　　相信不論你身處哪一個行業，都能在這裡找到對你有用的人生箴言或參考觀點。

　　生命是值得奮鬥、值得追求、值得用美夢來構築的無悔人生。

　　願大家都找到自己的夢，並且真正去落實這個夢。

　　有夢最美，我知道你是有夢的人。

　　祝你們心想事成。

目次

青年立志篇

築夢者心法

打造 1＋1＞3 的新格局

王顥哲

當你連自己所在位置是哪裡都不知道，

又怎能奢談目標、藍圖、願景以及理想抱負。

當你所知道的世界就只有這麼大，

又怎能指望你可以擘畫出多雄偉多有創意的世界。

「安穩」是人們往前走最大的阻礙，

只有勇於面對新挑戰，提升自己的格局，

才能去到更遠更好的地方。

　　身為島國的臺灣，應該以連結世界為職志，才有生存的未來。但是大家卻喜歡在自我小天地中築起「美麗寶島」的小確幸夢，電視機一天到晚放映著腥羶八卦、事故 LIVE，歹戲拖棚的鄉土劇永遠收視第一，一堆無聊的新聞可以占據頭版好幾天。

　　反觀世界各國最關心的英國脫歐、全球暖化、一帶一路等議題，卻很少能夠成為臺灣的新聞焦點，這真是個資訊自給自足的可愛小世界！

　　顥哲曾經也是無數臺灣乖乖牌中的一員，卻在因緣際會下，十幾歲就離鄉背井到異地求學，也造就了他日後不同的視野。

每當有機會去到港口，看到港灣中停泊的船隻，顯哲就會語重心長的和朋友分享：「我們每個人就像一艘艘的船舶或遊艇，不論船隻多麼堅固，裝潢多麼舒適，但船的使命終究要迎向大海。那一條條將船繫在岸上的纜繩，讓船可以安穩的停泊在港邊，不用擔心風吹雨打，可也正是那一條條的纜繩，讓船無法迎向世界。」

　　船終須離港，人們也終須要切斷安穩的繫繩，向更寬廣的未來邁進。

♫ 海外求學打造成熟思維

　　華人世界的觀念裡，父母總是要孩子們好好念書，入社會找個「安穩」領薪水的工作就好。殊不知，這樣的觀念造就了許多只會念書卻不懂得做人做事的孩子。也因為這樣的思維，孩子們無形中被塑造成不懂得對自己的人生負責，入社會後無法適應真實社會的生存競爭。

　　這群人不是變得自暴自棄，就是一肚子怨氣，看不到人生的希望和新方向。當這股基層的怨氣不斷累積，臺灣就開始出現很多離譜的事，愛人變仇人、路上隨機砍人、甚至孩子打死長輩，這些都反映了臺灣人內心脆弱以及心靈創傷的一面，但是許多人卻對此毫無自覺。

　　顯哲的父親早逝，母親要教養孩子又要賺錢養家。有一天，一個外派的工作機會來到面前，若沒有把握住，可能就影響了全家生計。迫於現實，媽媽只好帶著兩個年幼孩子，遠赴上海就任新職。

當時國中剛畢業的顯哲，也被迫走出臺灣，去到人生地不熟的異邦念書。

一般人高中念三年，但顯哲因為轉學學制銜接問題，需多讀兩年，又因為上海的高中學歷在當時不被臺灣承認，甚至被要求立刻返臺當兵。顯哲在不得已之下，只好轉去邦交國南非繼續學業，在那裡取得了高中學歷，也考上大學。

後來因為外公、外婆生病，不忍心媽媽一個人要工作又要照顧重病長輩，所以顯哲決定回臺灣。卻再一次因為學制的問題，重新考了一次大學，進入實踐大學保險與風險管理學系，也開啟了顯哲踏入保險領域的因緣。

離鄉背井的求學時光，帶給顯哲很多的人生省思。在南非念書的時候，顯哲看到外國人用不同的方式教養孩子，每個年輕人都可以清楚講出自己將來的夢想，家人也從來不會要求他們過安逸的生活。父母從小給予的教養，都在引導孩子找出自己的興趣，也鼓勵孩子經常吸收大環境趨勢資訊。在這樣的教育養成之下，每個孩子都懂得充實自己的實力，對未來也都有自己的規畫藍圖。

回到臺灣念大學，顯哲看到臺灣的大學生，十個中有七個對未來是茫然的，生活中最大的目標就是考試過關。面對未來，憧憬擁有高收入，買汽車、洋房、遊山玩水的幸福人生，卻不去思考自己有什麼能力能為自己創造財富。

在南非念中學時，顯哲曾經被同學問過：「你未來想要做什麼？」他卻愣愣的答不出來。想不到多年後回到臺灣，發現臺灣的

大學畢業生或是已經入社會一陣子的年輕人，也答不出來。

臺灣到底出現什麼問題？如果全臺灣的學生都是這樣，每年十幾萬的畢業生進入職場，如何與其他國家的畢業生競爭？

♫ 一味求安穩，反倒不安穩

無論在上海或南非，顯哲都曾留意到，每個國家都廣泛討論關於老人安養的相關議題。當他回到故鄉臺灣，更驚訝的發現，臺灣因為生育率不斷下降，早在多年前就已經開始面臨死亡交叉線。也就是說，每年新生兒的數量低於過世的人口數，在可預想的未來，會有越來越多的老人需要越來越少的年輕人提供照顧。

在這個議題之上，有太多層面的問題需去思考，包含因應銀髮照顧的各種社會制度，包括退休銀髮族的財務相關規畫等等。也因此，顯哲開始運用所學，以一份對臺灣同胞的關心，針對個人財務智商、金融財務保險規畫等議題進行相關研究。畢竟，牽涉到整個社會制度的問題，身為年輕人的他還無力去處理。但他相信他可以透過自己的財經專業，協助大家從個人理財以及保險規畫著手，幫助更多人有能力為自己打造一個美好的老年生活。

大學畢業後，顯哲勇敢挑戰「不安穩」的業務工作，因為他知道，若年輕時只求安穩，年老時將有更多的不安穩在前方等著他。他的這份想法，也在跟許多同儕朋友聊天時獲得印證，因為無論朋友們做的是行政工作、核保工作，或者商品研發工作、活動企畫工作，大家談論的苦水永遠多於讚美。

好比說，當個保險核保人員，薪水年年不變，在臺北只能勉強維生，工作時間卻超長，往往在表定時間打完下班卡後，還得回辦公桌繼續把事情做完。這樣的人生，真的「安穩」嗎？顯哲深深覺得，人生不如勇敢的迎接挑戰，試著去接觸業務行銷工作，才有可能突破現狀。

🎵 努力不是王道，提升格局最重要

在保險業務工作崗位上，有許多挑戰必須勇敢面對。以顯哲來說，他第一年的保險業務人生，由於對業務技巧不夠熟稔，方法經驗不夠扎實，自行摸索的工作成績相當慘澹，薪水嚴重入不敷出，甚至是靠著學生時代打工存下來的錢撐過來。

說起來，這已經和「努力」沒什麼關係了。顯哲說，這也是臺灣式教育常有的迷思，父母老鼓勵孩子「認真」念書，長大後要「努力」工作；但不論是「認真」或者「努力」，若方法錯誤，甚至方向錯誤，到頭來只會越努力越糟，卻不知道發生何事，也無法突破混亂的現狀。

顯哲本身絕對是個很「努力」的人，他從南非回臺灣時，看到媽媽辛苦照顧生病的外公、外婆，不忍心再跟媽媽拿錢，所以努力打工賺取自己的學費與生活開銷。

然而，打工賺的錢有限，所以他辦了助學貸款，四年的大學生活裡，同學們下課後相約到處遊玩，他卻四年如一日，下了課就是打工賺錢。

如此勤奮上進的青年，第一年的保險成績卻是慘不忍睹，更糟糕的是，很多人都不自覺的用溫情主義鼓勵他，像是：「要加油喔！」、「你一定行的！」這些「好話」若是能對症下藥，也可以帶來好的發展，但實際上這一類的關懷，大部分都是表面的感性文字堆砌，無法真正協助顥哲解決問題。

　　於是，一次又一次的自我安慰，換來的卻是業績的持續慘澹；直到有一天，顥哲覺悟到這樣是不對的，所以他毅然決然離開，到另一家金控保險公司，一切從零開始，他同時也自我省思，自己到底是不是適合做這個行業。

　　當人離開了舒適圈，去面對真正的風浪，才有機會看見生命可以突破的方向！顥哲在金控保險公司工作期間，摸索出保險業務成功之道。

　　他發現了１＋１＞２的真理：一個業務再怎麼努力，單兵作戰永遠沒有團隊合作力量大，也因為埋頭苦幹，容易讓自己缺少視野格局，落於舊的思維思考；但有了團隊，彼此交流，互相激勵，借力使力，一切就會有不同的結果。

　　顥哲終於了解，增員比跑業績還重要，每個人總有高低潮，就算是業務高手，也可能在某些月份陷入低迷，但如果有團隊就不用擔心這個問題。甲這個月狀況不好，但乙狀況好；丙成績中等，但丁可能這個月突飛猛進；下個月甲戰力回來了，乙可能家中有事休假，丁成績下跌，丙卻追了上來。團隊合作的思維與行動，讓他的業績有了良好的起色，表現出來的，就是一份「穩定」的收入。

可是，「穩定」不是顯哲所追求的目標，他的心中，未曾忘懷當初心中的夢想，倘若只能勉強顧及自己的溫飽，如何能夠去照顧更多人呢？

當他陷於這樣的苦惱時，一位業界前輩讓他了解到，「1＋1＞2」只是工作基本需求，「1＋1＞3」才是新的境界突破。

這位前輩就是顯哲現階段的導師——楊裕仲。

♫ 當你備好實力，貴人就會出現

顯哲認識楊裕仲多年，當兵的時候為了打發時間，顯哲會玩玩網路遊戲，因此結識了一位網友，也就是楊裕仲。退伍之後顯哲進入保險公司，與這位「網友」始終保持聯絡，也在某一次的網聚活動中，見到這位楊先生的廬山真面目，然而那次也只是一個普通的見面，並未碰撞出任何的火花。

直到有一回顯哲在工作上碰到問題，無意中向網友楊先生抒發一下鬱悶，才發現他居然是「資深保險人」。顯哲試探性的把他當時的困境和楊先生聊，楊先生謙虛的說「略懂，略懂」，這一「略懂」，便開啟了接下來顯哲的人生新境界。

我們常說，人生充滿著驚奇與不可思議，往往你想要的遍尋不著；但一回首，才發現貴人和資源就在你身邊，所謂「備好實力，貴人就會出現」就是這個意思。後來顯哲轉戰效力楊裕仲的公司，不但開闊了人生的視野，更擴大了自己的格局。

♫ 結合不同產業，創造新的可能

何謂 1 ＋ 1 ＞ 3 呢？

如同顥哲在文章起頭所談的，我們都需要多走出去看世界，拓展自己的視野，而不是只看八卦、聊是非，這裡並不是說外國的月亮比較圓，而是不同的國家有各自的優缺點。

當我們能夠拓展自己的胸襟，學習結合不同的觀點，就可以刺激自己產生新的思維與新的突破；一個產業再怎麼努力，也都是在同樣的框框裡打轉，但當兩個產業相遇，卻有機會可以激起全新的火花。

在楊裕仲的教導下，顥哲學會「跳脫框架」，學會產業融合。比如說，顥哲的前公司是一個金控集團，當時的顥哲既要做保險，也要做房貸與信用卡業務，這的確協助了顥哲整體格局的擴大；但在集團底下，所有金融產品都是在同一個思維下的搭配，格局的拓展還是有限。反倒是當顥哲進入到楊仲裕的公司服務，看似公司規模沒有金控集團大，卻讓顥哲學會了跨業搭配，更加提升自己。

分享一件讓顥哲印象最為深刻的案子：一位企業家，擁有幾筆不動產物件，包含建物及土地。企業家有二個子女，預計十年後退休的他，想要提早規畫身後事，包括把一筆祖傳不動產遺留給大兒子。此時他卻煩惱起來，他知道大兒子還不成材，若提早把物件給他，可能心血都會被糟蹋掉。但若十年後才給，先是擔心這十年內不知道是否會有什麼意外事故，就算十年後順利贈與，他也擔心那時候的兒子繳不起遺產稅。畢竟那個物件價值臺幣八千多萬元，光

稅金就要繳不少，難道要讓兒子到時候需賣掉祖產，才能繳稅嗎？

對此，顥哲為企業家提出一份良好的資產規畫，不但能讓企業家繼續持有、使用、租賃同一間物件房子，而且房屋部分等值現金會持續進入戶頭，未來可以隨時動用，同時每年都會多出一筆利息可以使用，甚至可以拿一輩子，當資產要移轉給後代時，還可以節省相關的贈與稅金。你覺得這樣的規畫是不是很棒呢？

這樣的模式，是透過會計的資產負債表邏輯，幫大家從固定資產創造活用資金，結合金融工具、稅務、金流貸款及會計師的專業規畫，在「資產輕量化」的模式下，創造名下的負債。因為，個人名下資產減去個人名下合法負債等於稅基，只要將負債增加，名下資產就自然下降，此時再搭配保險，就能提供一個絕佳解決方案。

這樣的產品是透過異業合作，包括保險規畫師、會計師、地政士和銀行等，運用各產業的專業，整合成有利於申請人的產品，例如：會計師進行專業資產規畫，地政士協助物件重新估價並和銀行協調貸款，而後續資金的運用就可以由保險規畫師進行服務，透過保險將物件做設定，以企業家為被保險人，他兒子為受益人。

如此一來，名義上這資產將來是兒子的，實質上則還在企業家名下；隨著時間一年年過去，物件鑑價後將持續增值，若該物業漲到 1 億元，在一般情況下會被課以龐大稅金，但透過資產負債表和保險規畫，能夠以合法的方式節省稅金並創造新的現金流。

以上是眾多成功案例中的一個，其他方面還包括臺灣的資金和海外的產業結合；或者將每個人的理財規畫，搭配保險和不同的投

資配置。這一切，不是單靠一個保險規畫師就可以成事，而是要有一個理財團隊，跨產業的積極合作，才能成功。

在楊裕仲的帶領下，顥哲有了全新的思維，更運用他的專業幫助許多人；而且他服務的對象是跨國界的，結合不同國家的法規、制度和規範，巧妙的結合互補有無。現在的顥哲，在工作上充滿成就感，更明白了，要迎向新境界，要有 1 ＋ 1 ＞ 3 的結果，就是要跳脫固有的工作模式，才能帶領自己看到更寬廣的天空。

♫ 築夢踏實，讓愛廣傳

如今的顥哲，還是沒有忘記自己大學時期許下的夢想：他要建立一個人人安居樂業的「心」天地，他要打造一個讓人們安「心」，實現大同世界裡「使老有所終，壯有所用，幼有所長，鰥寡孤獨廢疾者皆有所養」的烏托邦境界。

顥哲相信，每個人都應該從年輕就好好規畫未來，規畫自己的財務，有效結合保險以及綜合投資，才能握有保障自己未來的那把鑰匙。

顥哲才剛滿 30 歲，他的夢想還在進行中。他相信，透過為更多人提供理財服務，幫助更多人實現人生夢想，他也將累積更多的資源，前進自己夢想的道路，照顧更多人一起走進「心」生活。

讓我們拭目以待吧！

顥哲的築夢箴言

- 人生就像船舶，要航向大海前，請先斬斷後面的纜繩，這個纜繩就是你所認知的「安穩」。

- 不要老是用舊有的框架看事情，否則再怎麼突破，也僅是坐井觀天式的突破。

- 新的產業思維，要學會 1＋1＞3 讓產業結合的觀念，而不僅是 1＋1＞2 的合作觀念。

王顥哲

實踐大學風險管理與保險學系畢，曾經在南山人壽和富邦金控服務，現任捷安達保險經紀人公司，短短一年的時間就取得區經理業績第一名，六個月實收保費兩千多萬元，佣收 110 萬元，並致力於異業結盟、租稅整合行銷案開發執行等項目。

擅長開發、組織領導、租稅規畫、商業整合行銷。希望可以幫助更多想要成功有企圖心的夥伴邁向人生的高峰。

聯絡方式：

電話：0989-980761

LINE：henry760314

年輕人要立志！25 歲就能成就事業

林思誠

成就的起跑點是幾歲？

有人覺得畢業後十年才開始有成，

有人覺得要找到伯樂才能展現才華，

有人更覺得等到五、六十歲才可能事業見真章。

但，成就何必自我設限。

王永慶、張榮發、比爾蓋茲、馬克祖克柏，

都是十幾歲就事業奠基，

所以，年輕人要立志才能成就事業！

　　和他見面時，怎麼看他就是一個大學生模樣的孩子。笑得靦腆，頂多比起時下愛耍酷的年輕人，多了點禮儀，是個很有教養的青年。但話題一轉，接著就是許多事業經營術語，市場分析、愛用者比例、股東投報率、加盟事業等。

　　他，是林思誠，才二十出頭就已經年收入可觀，甚至在更早之前，十幾歲少年時期就已經心中有創業藍圖。採訪當時還未滿 25 歲的他，用他的故事告訴大家，創業圓夢不需要設限，只要有心，年輕人也可以是成功企業家。

♫ 人生要踏實才能圓夢

說起思誠初創業的經歷，大致上就兩件事，一個是記憶學，一個是傳直銷。

畢竟他才二十幾歲，大部分和他同樣年紀的孩子都還是媽寶，許多都仍在學校念書，所以思誠也不可能有太豐富的經歷。但重點在於，雖然年輕，但懂得築夢的他，從小事就可看出成功的端倪。

不能免俗的，還是要從小時候談起，家庭的環境，對孩子的成長，的確有一定的影響。思誠的出生自單親媽媽的家庭，家中有三個孩子，媽媽一個人教養孩子當然很辛苦。

但更辛苦的是，思誠有個姊姊是極重度身心障礙者，為此，家中有更多的教養費要負擔。為了減輕媽媽的負擔，從很小的時候，思誠和他另一個姊姊就很成熟；當別的孩子還在玩家家酒，或討論去哪逛街時，他們就已經在想方設法要為家計盡一份心。

思誠謙虛的說，雖然有心，但身為學生其實也沒幫上什麼忙。媽媽本身就很厲害了，所以家境並不算貧苦，基本上還過得去。只不過從小就認知到自己長大後要為這個家盡一份心力，好讓媽媽輕鬆點，所以思誠有目標性的想要賺錢。

他喜歡賺錢卻不會有銅臭味，他和姊姊的物欲都很低，也不會為了賺錢不擇手段。只是在心中，他謹記著，賺錢不容易，所以人生要踏實勤懇，這樣才能圓夢。

小時候的打工生涯就不說了，對一個孩子也無法太苛求；事實上，他雖然體恤媽媽，但他自己對人生的規畫也仍懵懂，乃至於他

念大學時，甚至不知道該填什麼科系，只因為聽說化工有前途，就去念了化工。

但入學後才知道，他根本不喜歡這個領域。與其混四年畢業，他想要提早先去摸索事業之路。當時因緣際會下接觸了記憶學，先是以打工性質參與，後來乾脆休學，專心投入記憶學領域。所謂不做則已，一做就要做到專業，這就是思誠的寫照。

♫ 年輕也能成就非凡

那年，還未滿 20 歲的他，在記憶學領域發現了樂趣。一方面記憶學讓他學習各種東西都更快速；二方面，記憶學本身既然那麼好，那就值得推廣，為此他樂於投入推廣，這過程，也就讓他逐漸學會教育以及業務。這兩者，正是一個企業家非常需要的特質。

一開始，他還只是個工讀生，在某個記憶學體系上課，後來他轉戰到另一個他更喜歡的記憶學系統。那是個國際記憶學品牌，為了深入學習，他主動請纓要幫那個企業的在臺分公司做最辛苦的打雜工作。

當其他大學生還在泡夜店把妹，他卻一個人認真的在教室擦桌子；不計較辛苦，從沒有怨言，他只要求可以近身追隨名師，學習真正的技能。就這樣，他在那個記憶學系統企業，一待就是四年。這四年間，他從最基層的打工小弟，一路成長，後來成為助教，再成為助理講師，最後獨當一面，變成企業裡的重要的一位講師。

曾經他和企業創辦人兩個單獨去印尼拓展市場，也曾經在新加

坡場地擔任行銷講師。年紀輕輕的他，透過實戰經驗，已經成為跨國的講師，穿起西裝來，成熟穩重，別人看到他，就覺得這孩子將來一定有更大的出息。

當然，思誠知道，在現代社會，光是有能力不夠，學歷還是必要的。特別是在他精通記憶術後，對學習更加渴望。因此他後來又回去念大學，念的是空大，求知若渴的他，一個人念人家兩倍的學分。很多人念書是為了文憑，他卻想要讓自己真的變成知識滿滿，所以選擇雙主修。

同時間，他仍在企業裡幫忙，事業學業兩頭燒，卻把兩邊都做得很好。印象中有一次，就是他剛從印尼回來，隔兩天就要期中考了怎麼辦？之前他在印尼推展事業，根本沒空念書，面對考試，他是標準的臨時抱佛腳，只不過他抱得非常有學問，充分發揮記憶學專長。

他手上抱著幾本厚厚的大書，考試分兩天，一天考五科，他就每天抱五本書，每本用一、兩個小時翻閱，使用記憶術，展現驚人的功力。考試結果，他所有科目 ALL PASS。

有了這樣的能力，單只用來考試太浪費了。思誠後來也去找其他事業，他不想當上班族，這時代什麼事業可以收入無上限呢？當然是直銷業，所以他就加入傳直銷。

這行業許多人進入三個月就鎩羽而歸，但思誠卻從一開始就成績不俗，原因無他，他一貫的理念，不做則已，一做就要把事情做好。因此，他很認真的經營他的直銷事業，在第一年就已經建立了

一個超過六百人的團隊，二十出頭就升到不錯的位階。是當年全臺灣年紀最輕的總監，自然收入也不錯。

♫ 從失敗中學教訓

後來思誠會想要另起爐灶創業，不是他努力不夠，是因為大環境轉換了。這家直銷公司賣的是旅遊產品，會員加入的目的，當然就是要出國旅行。

然而後來這家公司在臺灣正式落地，合法化後，反倒碰到許多不合理的規定，例如強制不能出國，只能適用臺灣本地的旅行，這樣的制度當然讓很多本來愛旅行的人打退堂鼓。思誠的事業也受到重大打擊，儘管如此，他仍有一定的基本盤，如他所說，雖然收入沒以前多，但仍過得去。

問題在於，他不想只有自己過得去，他也想他的朋友有好日子。為此，他開始想方設法去「幫朋友賺錢」。說起來，這樣的青年已很少見，他那時絞盡腦汁的，就是要讓朋友日子可以好過，想到的方法便是透過網路，也因此他投入網路事業。

講到網路，思誠很有經驗，原因不是他念這方面科系，而是他那種不服輸的個性。原來當初他和合作夥伴，為了幫助直銷圈的朋友，所以想透過架設網站來帶來流量。

沒想到花了 20 萬元架設的網站，卻非常的陽春且不合用，這人是朋友介紹的，當初並沒有簽正式合約。世事閱歷尚淺的思誠，第一次碰到廠商竟然這麼不負責，做出這種不合用的網站。當時他

滿心憤慨，但也不甘認輸，便決定自己來吧！於是他從零開始，自己摸索網站及網路技術，沒想到還給他摸出點門道出來了。

到頭來，發現單靠網路，不一定真的可以帶來直銷事業流量；畢竟，這是個要用心經營的事業，太依賴網路，反而會疏於照顧實體客戶。只不過那時思誠一心只想幫助朋友，有好一陣子沈醉在網路世界裡，希望透過網路行銷帶來業績；結果人流有了，但進來的多，流失的卻更多。當抬起頭來，發現實體直銷下線流失大半時，才醒覺網路只能當作輔具，不能作為經營主力。

所謂「失之東隅，收之桑榆」，這回的經驗，讓思誠學到了教訓，但也令他開啟另一扇窗。原來經過這個過程，思誠讓自己成為網路的高手，他越來越懂網路行銷的竅門了。

也許網路不適傳直銷業，但卻可以適用在其他產業啊！好比說，思誠原本的專長項目記憶學，是否可以結合網路行銷，打造有特色的課程呢？就這樣開啟了思誠的創業之路。

♫ 轉換心境才能從低潮中走出來

思誠後來在網路事業上做出了成績，初始透過網路銷售記憶學課程，後來也銷售致富寶典祕笈等等，每月都有可觀收入。

但思誠坦言，在那之前曾經有長達一年，他陷入低潮裡。畢竟是年輕人，他曾經爬得高，後來碰到挫折，因此非常的沮喪。原本從事傳直銷事業時，成績很優異，年紀輕輕的他在還沒當兵前，就收入不錯，幾乎月月出國旅遊。

服兵役時他服的是替代役，地點在區公所，他發現就算在當兵，他的月收入還比區公所的主管要高。退伍後的第一週，他就飛去法國玩一個月，當時因為他太快出國了，兵役解除通知還沒寄達，一度還被誤認為是逃兵被困在機場裡。就算曾經如此輝煌，後來卻因為公司制度因素，整個事業瓦解，導致他那時無法適應。

　有長達一年的時間，他總是怨天尤人，結果他那年也真的諸事不順。日後回想，他才認知到，真的是心情狀態不好，負面能量大，事情就做不好。曾經他很愛上課，但那段時間自暴自棄的他變得不愛上課，心存怨懟，做什麼事都不成功，沒有收入；於是又反過來怪罪命運不好，命運不好的他繼續碰到不成功的事，就這樣形成負面循環。

　後來思誠驚覺他竟然這樣渾渾噩噩過一年，從前他因為心中充滿感恩，每天都有奇遇，傳直銷事業做很大。因為如此，他又更感恩，這讓他年輕就感受致富及幸福的滋味，做事也充滿熱忱，那種熱忱現在怎麼不見了呢？

　思誠開始奮發起來，後來就在網路事業上取得佳績；他和朋友們合作，在網路事業上取得一定的成績。他的主力是在銷售課程，先是幫別人代理商品來賣，後來則是自己研發商品賣。

　最初代理一個致富寶典祕笈時，曾創造20天營業額就達100萬元的紀錄，後來自己做自己的商品賣，平均每月也可以有三、四十萬元營收。

　這樣的成績並不容易，因為在現代，網路行銷競爭者太多了，

若沒有別出心裁的創意，以及扎實的底子，是很容易被淘汰的，思誠的網路事業會成功自然有其一番的用心投入。

🎵 創造網路事業的價值

思誠如何在網路行銷市場中脫穎而出呢？他花了很多工夫，用心去研究消費者市場，並且真正的站在消費者角度想事情。簡單來說，思誠的網路事業，看重的是要讓消費者感到「價值」。

所謂價值，不等於價格。如果一個產品有價值，消費者甚至願意付高價來消費，因此思誠致力於創造價值。

從最早的行銷開始，思誠的文案就非常用心，讓消費者看到誠意，他在他的會員群中，建立了真誠的溝通模式。一般來說，社群是可以一對多的模式，思誠的網路社群也不例外，因為這是有效率的做法；但對於個別消費者來說，他卻又可以做到讓客戶感受到一對一的感覺，因為他的團隊有客服機制，並且建立服務的規則。

對思誠來說，銷售只是服務的開始，銷售後，客人就會享有服務，他們會透過線上進行一對一諮詢。相較於其他網路服務，常常是銷售完後就結案，思誠的網路卻是讓會員感到真正有做到服務，也就是這網路行銷產生了額外的「價值」。

以教學寶典類的產品來說，第一步驟可以加入基本會員，了解情況。只要下單購買，就成了正式會員，可以享有諮詢服務。而商品又可以分成初、中、高階，網路服務做得好，客戶自然後續會再想買更高階產品。

所謂產品，也是思誠和他的團隊用心做出來的。例如致富寶典祕笈，就是找專家一起開會，再由思誠團隊編輯成商品。另一個主力商品之一，就是思誠的專長項目之一——記憶學。

　　這部分則是實體課程，先在網路上招生。等招收到了一定人數就開課。思誠主打的小班制，一班最少五人才開課，但最多只招收八人。不同於坊間的許多記憶學課程，思誠這樣的課程，可以確保來上課的人得到真正的教學。

　　對於記憶學，思誠以非常有把握的方式，切合消費者市場，原因就在於他重視的是實用。

　　他覺得市面上大部分的記憶法比較空泛，當場學習的時候感到很神奇，覺得老師們的記憶術簡直不可思議。但實際上，當學生們回家後，只感覺去看了場記憶秀，自己卻無法完整的應用在生活與學業上。這樣的學習，無法落地。

　　思誠的記憶學，強調的就是要能現學現用。他認為，記憶學是個廣泛的大學問，但對於要應用的人來說，可以不用鑽研複雜的神經學理論，而是直接切入學習者的重點。

　　例如他的課從主題看就很明確：「如何考托福？」、「如何快速學英文單字？」、「如何背詩詞？」、「如何參加公務人員考試？」就是要做到學習者學完便可直接使用到他需要的項目上。

　　除了講授自己編撰的教材外，思誠更鼓勵學生，自己帶教材來。因為自己的東西比較熟悉。例如，你就帶你正在準備的六法全書，你就帶你正在準備的公務員考試教科書。用學生的教材來教，

這樣學生就更能融入。

展望未來，年輕的思誠還有很長的人生要走，可以預見的未來會有更好的發展。思誠能夠抓住他的核心戰力，以網路事業為核心，並計畫以此為中心，發展周邊事業，例如銷售記憶學課程，也可以結合對補腦有關的營養品。

而迎接未來時代趨勢，網路銷售商品，也可以與時俱進，他銷售的是「知識」，這是永遠都有市場的「商品」。

他也希望以自己的例子告訴年輕人，不要再有任何藉口覺得國家對自己不好，覺得生錯時代等等，如果像他這樣沒特殊背景的人，也可以在二十幾歲創業有成，那麼任何人都可以抓住自己的人生機會，創造自己的豐厚收入。

思誠的築夢箴言

　　談起賺錢，有人會問我，我是不是有什麼特殊祕訣，好比說，我當時在從事傳直銷時，為何每月可以收入那麼高？後來從事網路工作，收入也是那麼高，祕訣是什麼？

　　其實不管做什麼事，基礎的技術要求都是一樣的；包括運動、音樂、業務工作等等，追根究柢，專家的方法都差不多。最終成功的關鍵就只有一件事，那就是真正把一樣事情做得很扎實。

　　若能如此，就可以成功。

　　很多人會講機運，會說自己運氣不好，會說自己手氣背。但我後來發現，機運當然是有，但更主要的是自己的心境，當自己內心充滿感恩，願意樂觀看待時，你就會發現，你「運氣」變好了，這事我百試不爽。

　　只要我堅持正面心態，就算踩到狗屎，就算出門掉了東西，你有正面心境，後來「運氣」就轉好；相反的，你如果心態負面，倒楣的事就會一件跟著一件來。

　　最終，就是專注並且認真，在內心要有一種熱忱，認真的像火一般熾烈。

　　我用這種態度，學會記憶學，也用這種態度，把網路事業做起來。不論資質再怎麼不好，資源再怎麼少，都可以靠認真彌補。

　　記得吧！我一開始完全不懂記憶學的，我一開始也不懂如何操作網路，我也都是從零開始，就是要靠認真，才能翻轉人生。

林思誠

現任：

- AG Rich 品牌顧問創辦人
- 順流財商學院創辦人

- 20 歲成為國際快速記憶講師就學期間已受邀印尼、新加坡、深圳授課。

- 21 歲時發展組織行銷打造出超過 600 人團隊，為當時全臺灣最年輕的行銷總監。

- 23 歲接觸網路行銷，從網路上一分錢都沒賺到，到現在網路上超過七位數收入，並在 2017 年 1 月單月收入超過 100 萬元。

- 從門外漢被朋友騙 20 萬元架設網站，到現在有公司花 30 萬元請他架設網站。

- 目前擁有超過 96 個的 LINE 帳號與 27 臺手機，每個 LINE 平均 100 個群組以上，進而觸及 90 萬筆以上名單。

- 擁有真實有效的電話名單超過 1100 萬筆。

- 2015 年受邀中國雲臺會，五星招待 7 天傳授微信課程，為極少數臺灣人受邀中國教學微信行銷的講師。

- 讓不使用信用卡的客戶看過行銷文案後，在便利商店談話 15 分鐘後，立即成交 88000 元現金。

聯絡方式：

Email：support@autogetrich.com

官方網站：https://www.autogetrich.com

築夢者心法

那些年軍隊教我如何成功的事

許敏義

多元化的社會，

行行出狀元，

每個行業都有好的一面也有不好的一面，

關鍵的要素，不在行業端，

而在每個人的心境端。

八年級生所面對的職場狀況，已經和他們的前輩遠遠不同了。曾經臺灣百廢待舉的六、七〇年代，抓住商機搶第一個就可致富；曾經臺灣錢淹腳目的八、九〇年代，敢衝的人就有錢賺。

如今，面對亞洲各國的崛起，臺灣經濟低迷已經好多年，這一代的年輕人，面對著比過往更大的壓力與挑戰。

如何迎接職涯道路呢？還是如同許多年輕人做的抉擇般，寧願選擇繼續在校深造，也不想那麼快面對就業危機？

到底怎樣的職場選擇是好的，年輕人的想法是什麼？

許敏義，1991 年出生的年輕人，雖然年輕，卻已經經歷過最典型的兩種極端職涯。一種是薪資福利有保障，穩定的職業代表：軍公教；一種是沒底薪純然的業務工作。

就讓這位新世代的年輕人，說說他是如何築夢，如何做出人生的抉擇？

♫ 職涯選擇的焦慮與決定

對於前途的選擇，早在中學時代就開始了。

即便臺灣的學制已經開始朝多元化發展，但學生基本要面臨的兩大課題，還是升學與就業。以敏義來說，他是個很有想法的年輕人，但他也是個不愛念書的青年，對於一個不想靠考試來決定未來發展方向的人來說，他面前的選擇其實不多。

職校念的是汽修科，敏義也參加了許多的建教合作案，包含汽車維修保養廠、電鍍廠、汽車美容等，他發現這些雖是他的修習科目，但卻不是他想真正做為終身職業的項目。打工時期也去過7-11、全聯等賣場，在商店裡工作，這方向他也不是那麼喜歡。

然而時間不等人，當他還在徬徨的時候，畢業時間已經到來，接著就是當兵，這時候他注意到這也是一種選項。由於敏義的家境並不好，也無力支持他將來創業或進修。但如果把從軍當成是一種職涯選擇，那麼這個工作，一方面有固定的薪水保障，另一方面有充足的福利，食衣住行育樂，軍中都全包了，不用額外出錢。其他的基本「勞工」福利，包括每月休假、特休假等等，軍中也都有。

經過審慎的計算後，敏義覺得既然都要當兵，那麼從義務役轉為志願役，變成是一種工作的概念，是否是最佳的選擇？這樣的想法，敏義也和爸媽商量，得到的答案是自己的人生，自己決定。但

畢竟從軍是很大的選擇，敏義仍不知如何是好，最後決定讓上天代為決定。他拿著一個 50 元硬幣，篤信一貫道的他，跟上天祈求答案。然後將硬幣往上拋……

當硬幣掉落地面，敏義也做出了生涯一個大抉擇——選擇義務轉志願役。在 19 歲那年，他成為一個軍人，志願役要服役四年，後來他又加簽一年。

敏義的第一個正式職場經驗，就在軍中登場。

♫ 軍中就是一所進社會前的磨練學校

這世界上，許多事都會給人刻板印象。例如在從前軍公教人員會被視為鐵飯碗，銀行從業人員被稱為金飯碗。但實際上，公家機關大部分都已改革，不是傳統印象中那種喝茶看報蓋章等下班的型態；銀行更是內容大轉換，工作忙碌，壓力大，流動率也高。

至於軍職呢？由於大部分的男生都有經過軍伍歲月，因此說軍中就是一個封閉嚴酷的環境，應該會得到許多人的認同。

然而敏義覺得，應該用另一種角度來看待軍職。

由於大部分人都是以服兵役的角度看事情，服兵役就是倒數饅頭的概念，從入營的第一天就盼望著退伍；初始就抱著這種心態，當然不能冀望能在這個行業有好的經歷。事實上，對大部分人來說，軍伍歲月並不算職場經歷。

但若換個角度，軍職其實是很好的磨練場，在這裡可以學到很多的東西，也可以遇到很多貴人，包括「轉換心態看事情」的觀念，

敏義也是在軍中學到的。相對於許多人以為軍人除了軍中事務外，對其他民間工作都不懂；敏義覺得事實剛好相反，一個人如果可以撐過軍中的磨練，相信他在民間企業也一定可以做得很好。

當敏義把軍中當成是一所職場磨練學院（並且不用繳學費，還可以有錢拿），他的心境變得不同，所以他可以充分利用四年的時間磨練自己，到四年期滿前，還志願再延長一年。

所謂學習，包括負面的跟正面的，負面的可以讓我們看清楚社會黑暗的一面（軍中有的現象，社會也會有，因為軍隊就是一個小社會），正面的更可以帶來體能以及心智上的成長。

先說負面的吧！

軍中的制度缺點之一，就是同工不同酬，薪資依靠資歷及階級。同樣是士兵，一個老鳥阿兵哥整天無所事事，各種業務擺爛，只做到應付交差就好，每天就是吃飯睡覺站崗出操，就算腦袋放空也可以過一天。領的錢和一個有心做事，認真做好自己崗位工作的人，卻是一模一樣的。

對敏義來說，這時候一個人的意志堅定很重要，要想著工作不只是為了錢，也是為了責任與學習；若只是心想著不公平，最後選擇一起擺爛，那就是讓自己被環境打敗了。

另一個負面學習則是，軍中有很多事都是一個命令一個動作，缺乏彈性，也缺乏效率。在敏義看來，很多時候，一群人集體做一件沒效率的事，不但浪費時間也浪費人才；但從另一個角度來看，這也是培養主管領導力的時候，一個英明的領導，應該懂得如何將

上級命令，既能落實又可以讓底下軍士能適當發揮，這就和軍中的正面思維有關。

敏義覺得，如果一個年輕人可以在軍中做到駕輕就熟的處理完各種任務，到了社會上，會變得無所不能。

因為在軍中，會有許多聽起來不合理的命令，但實際去執行，卻又真的能達成。也就是說，這其實是一種挑戰人們激發潛能的訓練。就好像民間企業設定業績目標，一般人認為月營業額頂多 500 萬元已經很困難，沒想到總公司訂下的目標是 1000 萬元；到後來，全體員工共同打拚，還真的拚出 1000 萬元。

軍中也是這樣的概念，並且涵蓋了各個層面，可以說每天一起床，擺在眼前的就是一大堆的「不可能」。在軍中經過磨練，一個人可以有以下的改變：

1. 在最短的時間內，完成一個任務。

2. 同時交錯做很多件事，而每件事都能順利進行。

3. 面對原本像是不可能的目標，習慣要將之變成可能。

4. 學會不要找藉口可憐自己。好比說晚上站夜哨，早晨你還是要早起參加早點名，沒有人會因為你睡眠不足同情你。

5. 訓練自己可以隨時中斷也可以隨時進入狀況。好比說正在趕長官視察業務報告，但部隊緊急集合，你還是要出現。

如今，雖然在受訪時才剛滿 25 歲，在民間工作服務也才第二年。敏義覺得因為在軍中的磨練，讓他可以更快接受民間業務工作的挑戰，不會輕易被困難擊敗。

♫ 軍中兩個影響敏義一生的重要貴人

人生就是轉念，每件事試著換位思考。如果一件事已經確定不可避免，那麼與其持續痛苦的做，不如換思維讓自己快樂的面對。

初入伍那一年時，當然也會經過新兵訓練期的試煉，過程讓某些新兵覺得痛不欲生。但敏義很快找到軍中生活的樂趣，那時候他遇到對他影響很大的一位貴人──林和瑋排長。

其實軍中很多長官，講話都是很有智慧的，畢竟軍中每天都充滿挑戰，做為軍官每天都是一種學習。這位林和瑋排長，不是個喜歡故意刁難士官兵的長官，敏義認為他是個很有智慧的人。他曾和敏義分享過很多觀念，讓敏義受用無窮。其中有一句話，敏義牢記在心，成為他日後做人處事的一個信念：

如果想要跟某個人一般，達到一模一樣的結果，最好的做法，就是你要做到跟那人一模一樣的事。

他花多少時間，投入多少辛苦，你也要完全做到，否則就不要抱怨他比你好。

如果你不想跟別人的結果一模一樣，你就一定要改變，否則就不要抱怨，自己人生也只是這樣。

這些話帶給敏義很大的影響，日後投入保險產業，當看到有人業績總是冠軍，他不會只在一旁羨慕；他知道，如果我願意跟那人一模一樣，他每天到晚上九點都還在打電話，你也願意每天打電話到晚上九點；他一大早起床先跑步，然後建立一天的工作行程表，你也要做到跟他一樣。如果沒有做到，就不要抱怨，為何總是那個

人成為業績冠軍。

同時這也是敏義選擇業務工作的原因，因為和瑋排長問他，當你在民間企業，看到別人是什麼樣子，那很可能就是你未來的樣貌。你在一家公司上班，你看看你的主管薪水多少，工作形式是怎樣，你未來就可能是那樣。

如果不想變成那個樣子，就只有兩條路；第一條路，換一個職場，那個職場的主管是你未來想要變成的樣子；第二條路，改變作法，或許你可以創造一條跟你現在主管不一樣的路。

敏義看到他過往同學的發展，看到他們的薪資水平以及工作模式，他認為他想要的是更多的財富，不想要同工同酬的領薪水模式。所以退伍後，他毅然決然投入保險產業。

另一個影響敏義的貴人，是在軍伍後期新任的一位連長，叫做劉冠廷。實際上，林排長和劉連長也都是年輕人，年紀都只有 30 歲左右，但他們的智慧對敏義很有幫助。

這位劉連長，最讓敏義印象深刻的不只是一句話，而是連結那句話的行動。每天早晚點名，連長主持集會的時候，在交辦完所有任務後，他有一句口頭禪，全連耳熟能詳：「做就對了。」

簡單的四個字，當化成為全連的信念時，影響力卻很大。當大家出操覺得很累的時候，心中浮起「做就對了」，就可以再撐下去。

任何上級交辦的任務，裝備檢查、野戰任務等，當有人開始想抱怨，就有聲音在他們心中響起：「做就對了。」直到今天，有時候敏義回憶起那段歲月，都還會浮起一絲笑容。

從事保險業務的時候，因為業務工作的挑戰性，敏義有時候也會陷入低潮，包括爸媽叨唸，或者客戶屢屢拒絕他的挫敗感等等。但敏義已經習慣，不讓自己陷溺太久，軍中養成的習慣，讓他碰到挫折會趕快站起來，內心喊著：「做就對了！」拋開不愉快的思維，站起來，不論再次打電話，或尋找聚會的場合，行動就是力量。

♫ 新職涯新氣象

　　即將退伍的時候，當年在職校畢業時的煩惱又開始浮現，到底將來要往哪個行業發展，敏義其實也還在思考；但大方向上，他已經確定要從事業務工作，因為他的生涯抉擇，是希望可以賺大錢，照顧家人，最好是可以到花錢都不用擔心帳單的地步，也就是想做到財富自由。那麼，做業務是唯一的選擇。

　　剛巧那時候也有兩組人和敏義接洽，都是保險業務工作。其中一位是比他早退伍的軍中學弟，他讓敏義填了一個職業適性表，也帶領他參觀公司，敏義很感激。

　　但後來敏義選擇了另一家公司，對方是從小一起長大的，同樣是保險業務工作；敏義會選擇這家公司的原因，一方面是那位好朋友跟他都是一貫道道親，兩人都是吃素的，敏義認為將來長期工作，若有一樣的飲食習慣，會比較好搭配。

　　另一個原因就是職場氣氛，敏義覺得他帶他去的那個公司環境他很喜歡，因為大部分都是年輕人，氣氛活潑，敏義喜歡那種充滿朝氣的感覺。

就這樣，敏義在退伍的隔天就去新公司報到。

從工作第一天開始，敏義就將當年林和瑋排長的理念應用上，他留意公司裡誰的業績最好，就盡力跟他學。他也努力去上公司安排的課，前人若能成功，我也可以學習他們的智慧成功。

這時候，也看出部隊帶給他的訓練有多扎實。相較於許多年輕人，一進公司可能愛摸東摸西的，喝水、上網、聊天，說得多做得少，好像到逼不得已的時候才出門。敏義卻是遵守基本紀律，按表操課，上級交辦的業績目標，就努力去達成。

前三個月是試用期，但敏義第一個月就已經有業績了。同期進來的人，大部分還在「學習」中，業績還掛蛋，有的甚至已經宣布放棄，另謀高就了。但敏義為何第一個月就有成績，那是因為他在心態上，就是認定「我要達到目標」。

當一般人六點多就準備整理公事包要下班時，敏義卻排了晚上的行程，他知道有些行業，例如餐飲業，可能要忙到十點才打烊，那些人會跟他約十一點見面，一談就談到凌晨；但這群人也有保險需要，願意照顧到他們的人，就有業績。

而就像在軍中一樣，即便晚上站崗，早上集合一樣要到保險公司，敏義也是這樣，即便和客戶談到深夜，隔天依然準時赴朝會。

當碰到挫折時，除了他一貫的信念，懂得換位思考，更常作為打氣元素的，就是當年劉連長的那句：「做就對了。」

「做就對了！」敏義時時對自己喊。

當然，在保險公司也會學到新的東西。最讓敏義印象深刻的，

他曾經想要和過往交誼不錯的一個親戚約見面談保險。因為就敏義得到的消息，那位親戚尚沒有購賣類似的產品，沒想到那位親戚直接就拒絕了。

這件事給敏義的一個小小震撼就是，不要一心以為是好朋友或親戚，就有義務要幫你，更不要認為別人支持你是天經地義的事。

經過了這樣的教訓，之後他再碰到任何拒絕，就比較不會有負面情緒；畢竟，連自己親戚都可能有他的為難處，不能捧你的場，又怎能要求其他陌生人一定要對你買單呢？

後來敏義把保險的推廣主力放在服務上，他對外總是說：「有什麼需求可以找我，不買沒關係。」

傳統觀念認為，你要先買我的產品，然後我願意做好我的服務。但敏義願意做到，我可以幫你服務，若你喜歡再買我的產品。

也因為這樣的思維，敏義的客戶逐漸變多，雖然才入行第二年，但他的收入已經比大部份上班族都高了。

原來，付出反倒可以有收穫，這就是敏義在社會大學學到的重要功課了。

如今，敏義也才是一個二十幾歲的青年，他還有亮麗的未來等著他。抱持著正確的信念，他相信有朝一日，可以達成他的心願，做到富裕自由的生活。

敏義的築夢箴言

工作總有困難，工作總有挑戰。

當碰到困難，當碰到挑戰，記得換位思考；

改變思維，就改變心境。

想要達到一個目標，我們應該找到成功的人當典範。

那個成功的人怎麼做，你就怎麼做，那麼你也可能成功。

不想要變成怎樣的人，那麼就不能比照那人的做法。

好比你覺得上班族不能達到你要的生活願景，

那你就只好改變生活型態，跳開舒適圈，去過其他生活。

接到任務，與其花時間去沮喪，去思考，想一百年也沒結果，

不如立刻行動——做，就對了。

許敏義

經歷：

- 人身保險業務員資格
- 財產保險業務員資格
- 外幣收付之非投資型人身保險
  資格證照
- BNI 大慶分會活動協調長

專長領域：

- 人身醫療規畫
- 產物風險配置移轉
- 投資理財規畫諮詢
- 遺產規畫配置與稅賦節稅規畫諮詢
- 龍巖生命禮儀契約服務

聯絡方式：

電話：0982-977914

LINE：0982977914

創業有成篇

從地攤女孩到億萬企業家——王宥勻

攤開你的勇者地圖，追求三大自由與一個平衡——沈雲謙

從一個人的夢想，到實現團隊的夢想——林殷羽

築夢者心法

從地攤女孩到億萬企業家

王宥勻

也許，命運沒有發給你一手好牌，

也許，你曾度過一段連吃飯都克難的日子。

但上天做每件事一定有其背後深意，

只懂得怨天尤人者，辜負了上天深意；

唯有了解上天是給予自己磨練，

衷心感謝，

才能獲得成長，將日子翻轉。

　　她 16 歲就離開家人在高雄自力更生，22 歲時開店當老闆，26 歲時已經擁有好多家店。當臺灣面臨長期不景氣，她毅然決然收掉所有生意，投入新的事業，從零開始，打造新的富裕人生。

　　在她結婚成家後，懷第一個寶寶的時候，上天忽然給了她很大的考驗，原本的事業一夕間因制度變化，過往成就基礎全部崩盤。她必須再次重新開始，過程中曾經賣過鹹酥雞，也曾做過房仲業務，在家中經濟最危急的時候，她連大樓管理費都繳不出來。

　　但她從來沒有放棄，從來沒有一蹶不振，她深信生命中的每一個苦難，都只是上天給她的磨練機會。當新的商機再起，她又已練

就一身新本事，再次打造豐厚財富。

如今年收入數千萬元，擁有好幾棟房子的她，正是年輕人學習最佳的典範。如果像她一般，身為一個原生家庭負債累累的弱女子，沒有好的背景，沒有好的學歷，甚至曾經攀升到高處卻又重重跌下的人，可以做到東山再起，事業蒸蒸日上。那麼任何人都不該有任何藉口，讓自己安逸在得過且過裡。

她是王宥匀，她的故事在高雄已經激勵成千上萬人。

♫ 16 歲立志將來照顧媽媽

宥匀至今都還很清楚的記得，16 歲那年，她下定決心不跟著家人北上，想獨自一個人在高雄自力更生時，媽媽沒有阻止她，也沒有對她的決定感到驚訝。媽媽只是用溫柔的眼神告訴她：「從今而後，你就只能自己照顧自己，沒有任何資源可以幫你。」

宥匀從媽媽眼中看到了信任。那時候小小年紀的宥匀就已經下定決心，有朝一日一定要救媽媽脫離苦海，過著幸福快樂的日子。

說要救媽媽脫離苦海，因為媽媽的婚姻生活真的不快樂，宥匀成長時代，家中經濟是由繼父主導。原本繼父人也很好，可惜沉迷賭博，後來還有暴力傾向。之後投資六合彩失利，原本家住高雄岡山，繼父帶著媽媽為了躲債要逃去臺北。就在那時候，還是學生的宥匀決定一個人留在南部，邊念書邊討生活。

宥匀那時暫時寄住在親戚家的頂樓，很長一段時間，天天吃泡麵及高麗菜。

聽起來很悲情，但宥勻從以前到現在，給人的感覺都一樣，充滿陽光；聽她講話總是樂觀積極，也經常愛開玩笑，不認識她的人，一定猜不出她當時生活如此窘迫。

既然要自力更生，宥勻就必須趕快找到工作。她的動作很快，憑著乖巧玲俐討人喜歡的個性，她在哪裡打工都很受歡迎。白天上課，晚上要打工，工作性質不一定，但大體都是店員、服務生的工作。那時她不但開始賺取繳學雜費的錢，並且已經開始睜亮她美麗的大眼，靜靜的學習老闆們如何做生意。

在 PUB 服務時，她總是收到最多的小費；不只因為她長相甜美，也因為她的出現總帶給人愉悅舒服的感覺。她一邊收錢，一邊也會觀察，那些有錢人們聊天都在聊什麼。

此外她還留意著，PUB 老闆是怎麼收門票的，店內有哪些開支，如何打造高人氣；後來在服飾店打工，更用心學習經營店面技巧。當別的年輕女孩只在煩惱課業或如何交男朋友時，宥勻卻已經透過這些經歷，累積當老闆的技巧。

她從不覺得苦，也從不會因此將自己扮演成悲情可憐少女的角色。在她心中，她覺得遇到就是遇到，既然人生就是這樣，那就去面對，這沒什麼好大驚小怪的。

內心深處則有個強烈的信念，那就是要「救媽媽脫離苦海」。這信念如此的強烈，已經壓過其他的生活欲望。所以任何對別人來說的苦，對宥勻來說都已經不算什麼了。

令人敬佩的，就算生活困苦，就算每天要打工，宥勻在學校的

成績還是非常優異；不但考試分數高，賽跑也得到好的名次。因為宥勻告訴自己，做人就是要自律，要把自己做到最好。這件事如此的自然，乃至於有人問她為何那麼厲害，她還會訝異為何會有人如此問，做人做事不就是要充分努力嗎？

♫ 二十幾歲就已生意經營有成

認識宥勻的人都知道，她有兩個很特別的個性，第一，宥勻超級無敵樂觀，有時候甚至有點神經大條。例如曾經在打工的時候，辛苦打工一個月的薪水，整個信封不知道掉去哪裡了。

如果是別人，可能心情沮喪，覺得太不幸了。但宥勻就只是到處找找，實在找不到，兩手一攤，說：「好吧！掉了就掉了，下個月小心點就好。」

第二，宥勻有時候非常固執，只要她認定的事情，任何人勸說都沒用；就是全力以赴，也就是這種精神，她屢屢把一些大家都認為不可能做到的事，奇蹟式的達成。

16歲開始自力更生，19歲畢業後，她更是全力投入各種工作；她會把時間排滿滿的，可能上午去顧店，下午去擺攤，晚上去做專櫃。大約有一年的時間，她擔任專櫃小姐，這個專櫃一共有四位櫃姐，但光宥勻一個人的業績，就是其他三人加起來的總合。

是因為宥勻特別漂亮嗎？客人都是女士為主，和漂亮與否無關。是她口才最好嗎？年紀最輕的她，不論學歷或社會歷練都比其他人少。

其實主因還是宥勻裡內心那非常強大的信念，她立志「一定」要有錢，這件事沒得商量。為此，她做任何事都全力以赴，因為具備強大的成功能量，因此她的業績也都一定最好。

在專櫃服務時，宥勻也在仔細觀察；她看到對面另一個專櫃的小姐，年紀大約 40 歲，宥勻就想，難道我將來辛苦到 40 歲後，也只能像她一樣嗎？這不是她想要的人生。

22 歲的時候，她就開始「創業」，雖然只是擺路邊攤，但她已經可以做到每月淨賺 10 萬元以上。

是因為擺攤真的那麼好賺嗎？其實成功是有訣竅的。

宥勻主力賣的是衣服，她的經營概念就是要賣就要賣真的可以吸睛的，要賣就賣好品質的；所以她賣的衣服雖然比較貴，但卻很受歡迎。她的貨源其實跟大部分攤商一樣，不是去高雄後火車站進貨，就是去臺北五分埔選貨。

不同的是宥勻挑貨的方式，她從過往工讀的經驗，知道大致上客戶的喜好，她會去找那些有特色的產品；例如店家從日本買來設計風格令人眼睛一亮的 T 恤，她帶去高雄賣。由於眼光獨到，她的衣服總是銷路很好，並且也建立了口碑，有老顧客會找她的攤子買衣服。

但宥勻不會擔心別的攤商模仿她嗎？對於這一點宥勻也有她獨特的經營手法，她以量制價，甚至跟原始店家取得獨占權；她會和店家談判，這款衣服只能賣給我，不能賣給別人，否則以後就不再來這進貨。店家都願意配合她，因為她的確銷得動。但為何宥勻能

夠創造「量」呢？單一攤商可以這樣嗎？

那是宥勻生意成功的另一個訣竅，就是她擁有不只一個攤位。在她 24 歲時，她甚至已經有四、五個攤商及店面，她的衣服可以在攤子及店鋪賣，自然通路廣。而這些攤商店面，她聘請了自己的員工，她精算出每個攤位店面的租金以及聘雇人員薪水，計算成本及獲利後，一次經營許多點。

這已經是用組織賺錢的概念了。才二十幾歲的她已經買屋買車，年收入一、兩百萬元，是成功的小生意經營典範。

♫ 放棄舊有一切，重新開始

二十幾歲的宥勻雖然看起來收入豐足，但她自己知道，這不是她最喜歡的工作模式。

收入上雖然看起來還可以，但對宥勻來說，這離富裕的境界還遠遠不及，至少仍無力償還母親那邊所背負繼父欠的債，但她的收入要再往上已經不太可能了。事實上，隨著大環境經濟的不景氣，收入已經每況愈下，但她每天卻仍要從早忙到晚，很少有自己的休閒時間。

就在這個時候，她初次接觸了傳直銷事業。

原本和大多數人一樣，宥勻對傳直銷是很反感的，當有人遊說她加入，她還很不以為然，覺得怎麼有人會要她這個「老闆娘」放棄生意，自貶身分去做傳直銷？

但自己當時面臨了瓶頸，曾經想過要自創品牌，也仔細分析市

場，可是估算了整體成本後，至少要再投資 5 萬元，以她當時的能力，無力負擔。更何況市場環境變差，自創品牌是否就有未來，其實也還在未定之天。

宥勻知道必須改變，她的感覺很敏銳，發現再這樣下去不行。當時她的收入已從原本極盛時期的金額，掉到不到從前一半。

當初那個不斷遊說宥勻加入傳直銷的朋友，沒有放棄，還是一直游說她，前後長達一年。

宥勻就想：「好吧！去聽聽看無妨。」

她去聽了傳直銷的說明會，本身就是老闆的宥勻，對於傳直銷的利潤結構感到訝異。加上，她之前就有持續和那個朋友購買產品，自己用了也不錯，這讓她開始心動。

最後，她朋友的一句話說動了宥勻。她知道宥勻最在乎的就是媽媽，於是她說：「宥勻，你不是想要接你媽媽回高雄過幸福的日子嗎？但你現在做得到嗎？如果將來有一天落到『樹欲靜而風不止，子欲養而親不待』的情況，後悔就來不及了。」

想起親愛的媽媽，平日很堅強很少會哭的宥勻，當下淚如雨下。她很焦慮，一年一年過去，為何還是沒有能力照顧好媽媽，她自責自己怎麼會那麼無能，如果傳直銷真的是一個對的選擇，就朝這方面走吧！

宥勻是說到做到的個性，一旦要做，就不是什麼「試試看」、「兼著做」的概念，既然要做，就一定要成功，一定要全力以赴。

宥勻決定把過往事業全部結束，她一決定要收，幾天內，她就

清算了幾個攤位和店面的業務，將人事店租庫存等做個了結。

她速度如此之快，媽媽在臺北聽聞這個消息，緊急從臺北飛高雄（當時還沒有高鐵，只能搭飛機）。媽媽來到高雄後，已經來不及阻止宥勻了，因為她的店都已經轉讓。這期間哥哥不斷來電罵她，說她好不容易經營起這樣的規模，只有傻子才會放棄這些改作直銷。但宥勻都不為所動。

那年宥勻，她從零開始，投入另一個新事業。

🎵 成為頂尖的傳直銷商

觀念改變，行動就會改變。宥勻當時勇於即刻轉型，不是一種賭注，而是看到一個新的獲利模式。過往的獲利，採取的是開店當老闆的模式，宥勻已經用自己親身經歷證明，開店模式有其極限。

有句話說：「開店做生意，店好，人倒；人好，店倒。」宥勻深深體會，這也不是她一生想過的模式。

但新模式的缺點，就是宥勻完全沒經驗，這是她全新的第一次。初始她還被人嘲笑，當舉辦說明會時，她就傻傻的到場，別人問她有沒有帶朋友，她還反問為何要帶朋友？因為當時上線也沒跟她規定說，要約人參加說明會。

然而那些笑過她的人，後來成績都遠遠瞠乎其後，甚至許多都已經被市場淘汰退出了。才隔一年，宥勻已經在這個行業做到頂尖，在隔年度的世界大會中，從全球各分會選出 16 位表現最佳的新人，臺灣有兩位入選，其中一位就是宥勻。她的業績已經站在全

公司的金字塔頂端，旗下有上萬人的團隊。

有人會好奇，一個完全的傳直銷素人，怎麼能用一年的時間就讓業績一飛衝天，把多年經營的前輩們都拋在後面。答案還是那句話，宥匀內心有強烈的堅持，她就是要賺大錢，她就是要帶給媽媽幸福的日子。

至於「素人」，宥匀覺得素人最好了，完全不懂，表示沒有成見，可以讓自己完全放空，真心去學習。宥匀有半年的時間，大部分時候就讓自己放空，去摸索，去學習。

她上課的時候，總是坐第一排。而且她抓準了一個概念，所謂的突破，就是去做別人「不敢做、不會做、不願意做的事」，如果都只做自己本來會做想做願意做的事，那就只是本來的你，怎能突破呢？

就這樣，宥匀試著讓自己突破，例如以前她覺得自己是老闆娘，這樣的人怎能放下身段去和人介紹傳直銷呢？

一旦決心這樣做，宥匀的本性就再次發揮。她的個性就是非常的固執，她認定這是對的事，就用心去推動。

她去找誰加入傳直銷呢？不是去找一般的陌生人，她把主力放在跟她一樣當過老闆的人。為什麼呢？一方面因為老闆的「戰力」強，老闆們一旦動起來，功力絕對比一般家庭主婦強好幾倍。二方面老闆的觀念比較好溝通，畢竟大家都是做事業的，只要理念通了，就可以快速下決定。

於是宥匀一家家的老闆去拜訪。她是如此的堅持，而且非常會

「盧」，好幾次講到對方都翻臉了。這是可想而知的，「我開店開得好好的，你竟然來叫我把店收起來跟你做直銷。」誰聽到都會覺得很荒謬；但宥勻卻棄而不捨、不厭其煩的一再游說。

曾經發生過好幾次，對方吵到都翻桌了，但宥勻就在旁邊好整以暇等到對方氣消，然後繼續講。

她先生當時也是自己經營的攤商，宥勻過去說服他，他覺得這真是無理取鬧的事，不想理宥勻。結果宥勻就過去把他的攤位商品全都收起來說：「不要再做了，跟我走啦！」搞得她未來的先生當場楞在那裡，不知如何是好。

但終究，一個個老闆被宥勻的堅定意志所打動，後來紛紛加入。就這樣，她逐步建立了自己的團隊。而且這些人不加入則已，一加入都是菁英。

其實宥勻就是打通一個觀念，開店開一輩子，勞心勞力收入有限。同樣是開店，傳統是把店開在馬路上，而傳直銷則是把店開在「人」身上，並且少掉許多的成本。

觀念轉換了，就可以做出正確選擇。

♫ 從雲端暴跌的日子

三十多歲，已經結婚生子，每個月都可以給媽媽六位數字的錢，宥勻似乎已經真正成為人生勝利組，前途沒什麼烏雲了。

孰料，上天的考驗才正要開始。

宥勻在這家公司服務七年，收入穩定也幫助許多的人。但就在

她 33 歲的時候，公司忽然宣布一個重大變革，讓全體傳直銷不知所措。

公司決定從那年起，要從事商品銷售的會員，一定要擁有自己的店面。這個決定，對宥勻來說，等於是一種倒退的思維。

從前就是因為開店耗時間成本，非常沒效益，才加入傳直銷；現在公司要大家擁有店面，賣的商品一樣，卻要額外增加店租以及人事開銷。對宥勻來說，經濟還可負擔，但對大多數人來說，根本無力負擔這樣的成本。

公司這個決定，大大衝擊著宥勻以及所有她所帶進來的夥伴們。門檻升高後，業績更難做還是其次，最重要的是，公司表現得不誠信，讓大家心灰意冷。原本宥勻的業績再差一點點就可以再升一階，收入再倍增，這個事件卻讓她的計畫一切落空。

為了生活，宥勻還是依照公司的政策，開了一家店，但此時已經人心渙散，整個組織大幅瓦解。宥勻自己也萌生退意，由於宥勻是一個做一件事就要做到完美的人，既然她已經對這事業失望，她後來就決心整個退出。

那陣子是宥勻人生非常低潮的時候，她和先生為了家中經濟開始去擺攤賣鹹酥雞，生意倒是不錯，只是很辛苦，這是走回頭路的做法。

這生意做了大約半年，後來生了孩子，宥勻必須回家照顧幼兒。她眼看著先生整個人氣色衰敗，天天被操得無精打采。一晚，宥勻在陪小孩，先生忙到深夜才回來，暴瘦的他一身的油煙味，當

他想抱孩子的時候,手竟然在發抖。

宥勻當下做了決斷,不行再這樣下去了。宥勻是個意志力超強的人,她說要做什麼,先生也就聽她的。宥勻要先生把鹹酥雞攤收起來。收起來要做什麼呢?不做傳直銷,也不再走老路去開店,這一生開的店已經夠多了,當然也不去當上班族。

要想賺錢怎麼做呢?就去做業務。

於是在宥勻的建議下,家中請保母,夫妻兩人分別去應徵不同行業的業務。

以前從未擔任過房仲的宥勻,也在那年搖身一變,成為買賣房子的職業婦女。

那段歲月很辛苦,初始沒有業績時,家中甚至負債,連管理費都繳不出。因為過往幾年宥勻的收入穩定,花費也高,加上一些投資失利,如今遭逢巨變,經濟陷入困境。

這是段從雲端暴跌的日子。

但無論如何,咬著牙就是要撐過去。

♫ 走過風雨,再次尋回希望

宥勻認為,凡事都有其深意。

其實,在一開始她也曾生氣過,樂觀如她,有段日子也覺得快得憂鬱症了。然而一旦做了選擇,她就是一貫的態度,要做就努力去做。

加入房仲公司,她雖是這領域的素人,但憑著過往豐富的人際

互動經驗，很順利的打好買賣的人際關係。她再次的創下新紀錄，她在短短的四個月時間裡，就賣出九間房子，賺了一百多萬元。

事後回想，這的確是上天給她的考驗。

過往的宥匀，從打工開始就太平順了，一直賺錢，從來沒有失敗過，她做哪行就賺哪行；這樣的宥匀，只看得到成功，卻無法面對失敗，於是上天給了她這些考驗。

包括賣鹹酥雞、包括擔任房仲業務都是如此。

原來，過往宥匀投入傳直銷，她最擅長帶領的是跟她一樣擔任老闆的人，然而當面對中低階層的民眾時，她反而無法帶領，因為她不能感同身受。

就在那年，從前傳直銷一個優秀的前輩回來找她，原來那位前輩自己創立了一家新的傳直銷，想請宥匀一起來打拚。

說是一起打拚，因為當時全公司也才四個人，真是百廢待舉。幾乎在同時間，另一家傳直銷公司的老闆也來找過宥匀，那家公司規模大得多，但宥匀只記得那個女老闆手上的鑽戒好大一顆。在宥匀的心中，這個女老闆有錢但少了戰鬥力。相較來說，她的前輩有著東山再起拚鬥的精神，在她前輩身上，她看到了希望。

就這樣，宥匀又重回傳直銷的行列。從四個人起家，真的非常艱苦，但宥匀秉持著堅持的信念，一路奮鬥。

現在的她，不只可以面對老闆，也懂得面對收入中低階的民眾，包括販夫走卒們。她曾經邀約一個賣雞排的朋友，宥匀只是輕輕的一句：「我自己賣過鹹酥雞，我懂你。」就讓對方淚流滿面，

衷心加入。

　　從那年開始，宥勻不斷打拚，她親愛的媽媽，也已被她接回家住在豪宅裡。

　　走過風風雨雨的人生。

　　宥勻的成功一點也不僥倖。

宥勻的築夢箴言

不要心存依賴。我覺得現在的人和以前的人最大差別，以前的人比較沒有資源，必須自己創造；現代人反倒資源太多，變得太過依賴。

有所依賴，就難以全力以赴。

一個真正成功的人，不一定需要很多資本，王永慶當年創業時，他只有兩個武器：信心跟勇氣。

一無所有，也就義無反顧，一定要成功。性格決定命運，可是性格可以調整；命是上天給的，運可以自己創造。

王宥勻

曾經在美商仙妮蕾德服務，在短短第一年的時間就取得全國業績第一名，現在在康園服務，加入第一個月就創造月收入 50 萬元。

擅長開發及組織領導，希望可以幫助更多想要成功有企圖心的夥伴邁向人生的高峰。

聯絡方式：

電話：0938-878878

LINE：a83111234

攤開你的勇者地圖，追求三大自由與一個平衡

沈雲謙

努力，是否為人類奮發上進最重要的素質之一，

當然是的，不努力肯定不能有收穫。

但身為科技人，我非常確認的一件事，

在努力之前，要先找對方法，

這樣所有的一切努力才能更有效率，

付出後的成果也更有價值。

有人說理工出身的人腦袋比較死板，太過理性，不知變通。但這世界上最有想像力的發展，卻往往就來自於理工、機械、科學等所謂理科出身的人。

想想，如果這世上沒有愛因斯坦提出相對論，也沒有不同領域的科學家提出各種新理論新發明。就靠詩人、商人或者政治家，就能過創造如今這麼多彩多姿的世界嗎？

理工出身的人，不但追夢築夢，並且還能為其他追夢者打造適合圓夢的工具。沈雲謙老師就是這樣的一個人，他不僅自己築夢踏實，他也將幫助其他人築夢列入他的人生志向清單中。

♫ 讓死知識變成活學問

　　依照雲謙老師本身的定義，「夢想」可以分兩大範疇。一個是屬於小朋友的教育，孩童還在學習階段，有旺盛的求知欲，但卻什麼都不懂；在此啟蒙階段，成人們要用有效的方法，在他們腦袋中栽下一生學習的種子。

　　另一個是屬於大朋友的成人教育，即所謂「夢想生活教育」。因為成人們即便有正當工作也有好的收入，卻不一定代表懂得過好自己人生。你想達到人生的終極幸福嗎？過真正美好的人生，包括三個層面的自由與一個平衡：即財富自由、時間自由、健康與工作平衡，以及最後階段的心靈自由。

　　這三種自由是循序漸進的，過程中要追求健康與工作平衡，不犧牲家庭換取事業，更不犧牲健康換取財富，這些都是需要不斷學習的。

請參與我們的「人生的終極幸福訓練營」：

https://goo.gl/forms/iSPD1P61wNjx8Arm1

這也是如今雲謙老師致力發展的兩大事業領域：BI 商業智慧與 IT 資訊科技，呈現出機器人教學與資訊科技顧問等服務；其在教育上的應用結合了潛能開發、勵志學、AI 人工智慧科學以及最新的心靈教養學。

讓他可以把事業發展成功的關鍵因子，在於他從學生時代起就扎扎實實打下的理工實務背景，這使得他能夠將邏輯概念導入實際生活，讓夢想不只是浪漫的內心想望，而能化成實際的目標。

♫ 展開多元化的學習觸角，才能提升新境界

在學生時代就擁有土木與電子雙專長，很早就進入資策會工作，之後再出國進修電腦科學碩士，雲謙老師結合理論與實務打拚出一番成績。

他記得資策會長官曾說過一句話：「年輕人在這裡工作，不只領一份薪水，而是三份薪水。」當時雲謙很好奇，為何是三份薪水？長官告訴他，第一份薪水是帳戶上看得到的金錢薪資，這自不待言。

第二份則是學習收入，因為當時資策會是臺灣在資訊科技領域頂尖的單位，經常安排各種進階學習課程，這些課程對外是要收費的，但身為員工可以免費上課，這是員工福利，且獲益匪淺，這就是第二份薪水。

　　至於第三份薪水影響更大，有句話說：「近朱者赤，近墨者黑。」在資策會這個環境，身邊及出入的人都是頂尖的學者，都是資訊界的菁英，放眼全臺，有很高比例的大師級人物都在這裡。身為資策會員工，每天都可以直接和他們接觸，所得到的經驗是金錢買不到的，這就是第三份薪水。

　　雲謙當時聽了豁然開朗，也讓他深深覺得，學習不只是透過書本或實作，包括與人交流，以及處在一個正確的環境，都是非常重要的。

　　這樣的想法，讓他日後創業時，積極營造一種學習正向環境。他不鼓勵孩子閉門造車，而是透過研習營、親子交流等形式，希望透過群體的力量，加大學習的效果。

　　由於過往以來累積的實力，雲謙老師後來不僅在企業界成為專業資訊經理人，也開始投身教育界；他當時接受邀請以業師身分在政大、北科大、醒吾科大等院所開課兼課，也有合作的譯著《CMM最佳實務》（維科圖書，2003）問世。許多教學的方法，乃至於專業術語，也是由他開始創立的。

　　當年雲謙老師開創並引入了一個至今仍影響深遠的軟體教育課程，叫做「Design Pattern 設計模式」。這是一種向上承接 Architecture Pattern 建築模式（整體觀念），向下則銜接不同的 Framework 以及直接到該專案所有的 Programming Code 程式碼都完成為止。

　　以深層概念來說，軟體開發就像建築大樓一樣，每棟大樓、房

子都長得不一樣，軟體開發的過程中，很多模組與流程其實是相通的，也必須是相遇相通的。

這套 Design Pattern 課程是由資訊界四位博士，簡稱「四人幫」(Gang of Four，GoF) 的一個知名研究產生的，四人幫花了很長一段時間去考察不同產業，各式各樣的電腦軟體資訊開發案例，分析研究最終得出一個結論：那就是不論任何產業，所有的系統最終都可以約化成 23 個程式模組組合。

也就是說，任何的系統撰寫，最終都不脫這 23 種的組合，可能甲程式是 A ＋ B ＋ F，乙程式是 B ＋ D ＋ K。無論如何都在 23 個 Pattern 範圍內，也就是說這 23 個設計模式是所有程式開發的核心組成要素。

當時雲謙老師的教學課程，就是讓碩博士班學生們從這樣的 Design Pattern 學習著手。他的教學分成三階段：第一階段先將學生分組，5、6 個人一組，研究 4、5 個自選 Pattern，然後寫出個人初步理解心得報告向助教報告與討論。

第一階段要提出心得報告給助教，如果連助教這關都過不了，那可能是學習或認知上有問題，退回重新研究討論，直到被助教認可為止。

第二階段是進入大課堂分組報告討論，在 2 到 4 週大課堂分組報告過程中，學生分組上臺報告，發表自選的 Pattern 研究心得，同時也可以聽到其他組同學報告其他的 Pattern，自然加速軟體設計的學習。同時雲謙老師也會在大課堂教室現場指導與點出學習重

點，再與各組同學討論研究出下學期要實作的系列題目。

第三階段就是要以在第二階段各組討論出的題目實作出一個中型系列，應用先前自選報告的 Pattern，再加上從其他各組學到的必要 Pattern 為工具，設計出一個應用軟體。

同時實作寫出自己的程式，並且要上臺做報告，接受其他組別的質詢挑戰。雲謙老師會親自教授與指導，針對這些系統及研究，做矯正與調整分析。

上學期重點在理論，下學期就完全要導入實務。這是雲謙老師的要求，他要讓學校畢業的學生，不是只會紙上談兵，而是可立即派上企業貢獻。

♫ 找出真正的幸福關鍵

年輕時的雲謙老師不斷累積實戰經驗，他在神通電腦擔任專案經理時期，曾參與承辦過許多的中小企業合作案、中大型標案等，包括經濟部中小企業處五年計畫、財稅中心系統升級、神通 CMMI 認證、高鐵系統規畫，也曾參與臺灣史上第一個金額破 6 億元的 TIPO 大型整合資訊標案。

之後更因為戰功顯赫，被鴻海集團挖腳，雲謙老師首次被派駐海外，擔任鴻海集團富士康深圳的資訊主管，進駐深圳。

雲謙老師還記得他剛去的時候，鴻海廠房所在的小鎮只有幾百戶的小規模。自從鴻海進駐之後，一下子帶來了幾十萬員工連同家屬以及周邊廠家，小鎮變成一個百萬以上的繁榮市鎮，後來又拓展

成大城市，臺灣其他的大廠也陸續進駐。如今，那裡已是一個擁有地鐵的繁榮城市。

在富士康時期，雲謙老師更是身負重任，他旗下有五個開發群組，他的團隊所研發的系統要推廣到其他廠房。因此在那時期，雲謙老師在中國各地跑，包括沿岸的上海崑山、廣東珠海以及深入中部區域，連武漢都去過。

只是，隨著他的人生成就看似攀登巔峰，一個危機卻悄悄靠近過來。那幾年雲謙老師為了事業，一年只回臺幾次看望家人。有一回休假，他回家看妻兒，那時孩子才二歲多在保姆家。

他陪著妻子去保姆家要接回兒子，當保母喊著：「寶寶，看看是誰來接你了，你爸爸來啦！」那時小孩在房間坐著在玩玩具，背對著房門。沒想到兒子的反應，並不是興奮的跑出來迎接爸爸，而是站起來往室內桌子走去。

大家追上去才知道，兒子是打開電腦要上網了，原來他以為所謂「爸爸來了」，是指打開電腦透過視訊和大陸連線，在兒子心目中，他的爸爸只存在電腦裡。

這件事帶給雲謙老師很大的震撼，終於他下定決心，人生要有個大轉型。事業再怎麼拚，若犧牲了家庭，那人生仍有缺憾。

於是隔年他離職回臺創業，成為臺灣一個重要的科技教育業者，他所引進的親子教育機器人產品，正好結合他的理念，也就是透過教小朋友做自己的機器人的方式，讓孩子們學習到解決問題的能力，也讓親子教育變得更有意義。

於是他先發展小朋友的學習課程，後來也投資發展了大朋友的夢想生活學習課程。

在從事教育工作時，雲謙老師非常強調的一件事，我們學習不只是要懂實務，更要懂得提綱挈領。

什麼是提綱挈領，雲謙老師送給所有的兒童與父母三個座右銘，可以作為抓住未來的主要關鍵知識，是學習其他領域知識的核心關鍵。這三句座右銘是：

1.Mathematics is the mother of science.

數學是科學之母！

2.English is the communication bridge for technology.

英文是科技溝通之橋！

3.Software is the soul of computers.

軟體是電腦的靈魂！

※※※ 數學、英文以及軟體是未來小朋友在學習上非常重要競爭關鍵。

雲謙老師的商業智慧資訊科技有限公司，引進 LEGO 樂高 MindStorms 機器人，強調的是讓孩子不僅「自己動手做」，也要懂得如何解決問題，有系統的思考並與其他孩子互動共同完成一個成品。

一般人以為的樂高玩具，只是像堆積木般，孩子可以隨意組合成不同模型；但樂高機器人的境界更高，不只要有形狀，還要能動，可以按照設計執行特殊功能，這中間牽涉到許多的學問，如物理原理、機械功率、軟體設計等等。

一般來說，會購買這套玩具的家庭，都還要持續參與課程，很少人光看說明書就可以操作的；並且這套機器人教材的主要精神，不只是娛樂而是親子學習，所以雲謙老師鼓勵各位父母與孩子一起學習這套機器人教材。

一般來說有三階段訓練。

第一階段，孩子要組合成基本的模型，在樂高機器人所提供的基底上，有七個基本模組。除此之外，當然也鼓勵孩子自由發揮創意，自己創造新的造型。

第二階段，就是要導入各種硬體軟體，要讓一個機器人動起來，就要裝馬達，導引系統等等，這就是科學訓練的部分。在樂高機器人設計上，分成幼兒組以及大孩子組。幼兒組是 10 歲以下，這個族群重視傳統動力，可以安裝馬達或基本機械，10 歲以上族

群就可以開始接觸電子的部分了。

到了第三階段，就是學習圖形化程式控制。機器人活起來了，但也要真正能動啊！如果不能照設計的方向走，如果頭重腳輕走幾步就跌倒了怎麼辦？這些都要孩子試著去想方法解決，瞭解機器人如何控制，什麼才是正確的控制方式，這時候充分應用腦力，也訓練孩子的專注力。

當然家長也要在一旁參與，當孩子終於組裝成功一個機器人，可以讓它真正的在往設計的方向運行，而且也懂得如何避開障礙物，那感覺真是太棒了！家長和孩子一起高興狂歡，正是親子心靈連結的時刻。

這就是雲謙老師的志業，他引進的產品不只要訓練孩子從小就有正確的程式設計，物理、電子、機械等觀念，也要鼓勵家長和孩子多互動，建立一輩子良好的親子關係。

如今，雲謙老師的孩子已經 8 歲大了，初始還和爸爸有點生疏的他，如今又愛每天黏著爸爸了。

看著身旁親愛的家人，雲謙老師心中充滿了感慨。

人生想要獲得的有許多，但如果連最基本的都沒守護好，又如何奢談其他呢？幸福的定義，不是錢多職位高，而是追求真正的平衡和諧。雲謙老師也立志要讓這樣的幸福，傳達到臺灣及中國的每一戶家庭裡。歡迎有志之士一起努力，加入我的 WeChat ID：alexshencloud

🎵 打開你的勇者地圖，邁向夢想生活

在兒童教育奠定成功基礎，只是雲謙老師事業的其中一個領域，他更要打造的是針對每個人一生發展重要的學習及成長藍圖。

在與人分享時，雲謙老師會隨手拿起紙來，畫一張曼陀羅九宮格，中央核心是自己，以此為中心逐步順時鐘發展，最終要追求的就是財富自由、時間自由、健康平衡、心靈自由，這三大自由與一

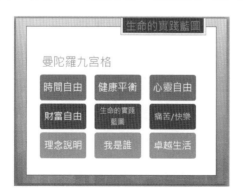

個平衡，而在每個自由領域裡又有個別的學習注意事項，這就是要
幫助大家架構出生命的實踐藍圖。

　　每個人，不論在任何行業服務都一樣，最開始的時候，都是為
了追求生存，之後才能開始提升生命品質；在由「生存」到「生活」
間，會有種種的挫折、困境，這就是人們要學習去克服，去跨越的。
也正是生命意義之所在，不斷讓自己提升，迎向更高的境界。

　　雲謙老師說在迎接生命挑戰的過程中，人人手上都應有一張地
圖，叫做「勇者地圖」。

　　年輕時有玩過「勇者鬥惡龍」電玩的朋友應該知道，遊戲裡的
勇者會碰到一層層關卡，例如被困在迷宮，如果手上有張地圖，就
可以按圖索驥突破困境。

　　而我們每個人的一生，也都是像這樣，都是充滿刺激的冒險，
身為我們自己人生故事裡的勇者，我們要具備的，第一，當然是態
度（信心、毅力、勇敢），第二是地圖（工具或方法）。如果在心
態上，不夠勇敢果決，如果碰到挫折挑戰，不敢或不願意超越，就

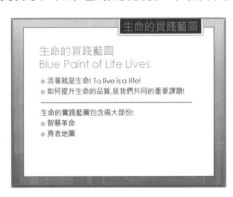

算擁有地圖也沒有什麼意義。

　　所以雲謙老師說，我們在人生旅途上，一方面要手握「勇者地圖」，一方面要堅持走愚者之行。提到愚者，一般人會想到愚公移山，就是像那種精神與毅力，堅持走下去，終有一天會成功。

　　那麼要如何抓著勇者地圖，走出舒適圈，踏上冒險旅程，邁向夢想國度生活呢？你必須找到自己的智慧革命，雲謙老師在下一本書會詳細探討「智慧革命」！

　　如何畫出自己的勇者地圖？第一個步驟，要先盤點自己的資源。一個冒險家怎樣成為一個實踐家，最重要的關鍵，就是經由自

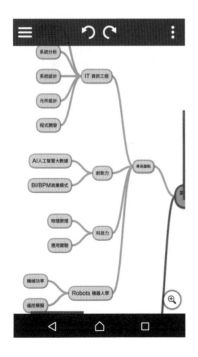
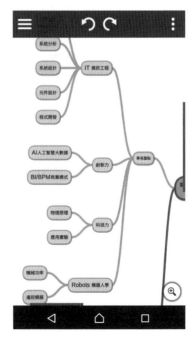

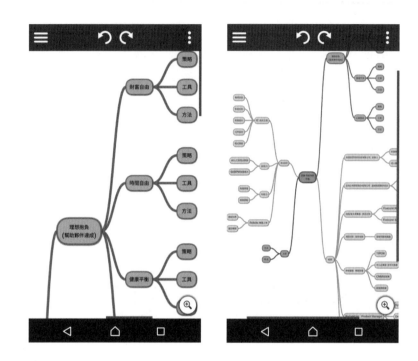

已經驗擴大自己的地圖。

　　這個經驗也許來自機緣巧遇，也許來自積極累積；無論如何，經驗絕不是呆坐在家中就可以自己擴充，開始畫吧！每個人從出生開始，就開始累積經驗，例如在工作場合累積的經驗，就會融入擴充你的勇者地圖。

　　每個人生命中還有什麼地圖？透過盤點，學習讓盤點成為學習地圖；工作上的盤點，成為工作地圖；人脈上的盤點，成為人脈地圖；經歷上的盤點，成為經歷地圖。這些都可以用「心智圖畫法」整合！

也許每個人一路走，懵懵懂懂，跌跌撞撞；但堅持愚者之行，就會找到自己的天命。

勇者地圖的第二階段是可行性分析，要做理性的調整判斷。

過往的路都在累積經驗，也許也還沒找到未來方向；但隨著經驗越多，我們就越可以發現目標在哪。

有句話說：「找回初心」。每個人在孩童時，例如小學時候，老師可能要我們寫作文「我的志願」，那時候，就是我們發的初心。人生不只是個 Process 過程，人生更是 Progressing 進程，我們處在進行式中。

我們要懂得不斷調整，也許小時候想當總統，長大後發現當個家長就好了，真的是自己不夠好嗎？或許自己和環境都要負責50%，或者是我們在過程中不知不覺的隨波逐流。

但每個過程我們都要經過反思，經過調整，是離自己當初的目標越來越近還是越來越遠？又或者是停滯不前。如何判斷，就是要時時回顧初心。雲謙老師希望能帶領組織夥伴結合當地鄰里長關懷團體力量，協助長期關心孩童志向的變化，不要錯過他們最需要幫助的時候！歡迎有志之士一起合作，請加 Line@ https://line.me/R/ti/p/%40qwh6601p

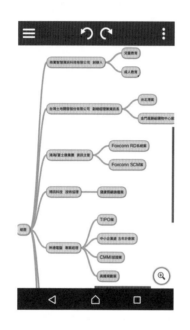
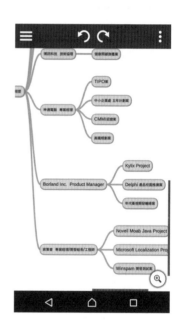

勇者地圖第三階段，要打破思維，再創新局。

在金庸知名武俠小說《倚天屠龍記》裡有個故事，蒙古女趙敏假扮明教教主帶眾圍攻武當山，張真人又已先遭暗算受傷無法出戰，武當情況危急，張三豐只好臨陣教導張無忌太極拳應對強敵。他讓無忌先學基本原理並傳授招式，然後告訴無忌，真正的境界，是要忘記所有招式。

後來無忌真的忘了所有招式，也就是他已經融會貫通了，武術就來到一個新的境界，並打敗所有強敵。

我們每個人在人生中會接受種種挑戰，可能會碰到大起大落；但每個轉變都有其啟示。

許多時候，為什麼一個人總是停在原點，總是無法成功？因為人們往往被自己相信的事情所蒙蔽，因為過往以來已經因循許久，這時候要打破過往的格局，才能再造新局。可以自問，我一直以來都這樣做，但我成功了嗎？既然沒有，當然就代表著需要突破。

當我們突破過往自我限制，就能產生新的結果。我們人類的成功與否，有個邏輯：思想構成行為，行為變成習慣，習慣造就你的成功。

把這些打通後，反向思維，就是我們要先培養好習慣，在那之前必須採取果決正確行動，為何願意行動，就需要你藉由思考，讓新的思想來說服自己。

經歷這三階段，我們就可以成為一個小小的勇者。當然，人生還有更高境界，需要突破，堅持愚者之行，智慧革命，必有所成。

雲謙的築夢箴言

　　大家都想追求成功，但成功不是悶著頭幹就好。就好比程式撰寫，每一次都從零開始，再怎麼努力也是事倍功半，但若能找出共通的 Pattern，就可以創造工作效率。

　　不要將學習侷限在書本，人生的學習更重要的是實務體驗；因此我鼓勵年輕人，在 30 歲前，不要害怕面對不同挑戰。但請注意，我的重點不是鼓勵你跳槽，而是要懂得當發現自己已經來到一個學習瓶頸的時候，要有勇氣跳出來，追求新的成長。

　　築夢踏實，築夢是一步步來的，就好像我的程式學習，也是從大三那年開始由測試工程師做起，最後成為臺灣最頂尖企業集團的資訊主管，乃至於創業成功。人生最怕的就是眼高手低，敢夢卻不肯做，築夢若不踏實，只會跌得更慘。

　　最終，要請大家反省一下人生的目的。所有的努力，所有的成功追尋，最終只是為了一己之私嗎？如果沒有家人，如果不能對社會有貢獻，那賺再多錢有何意義呢？這是我想給所有築夢者最衷心的建議，成功也要追求平衡，才能幸福。

沈雲謙

學歷：

美國麻州州立大學 CIS 電腦科學碩士

現職：

- 商業智慧資訊科技有限公司創辦人
- 親子互動、機器人教育、資訊科技、顧問諮詢服務

經歷：

- 台灣土地開發股份有限公司資訊長兼副總經理
- 鴻海精密科技軟體主管
- 博訊科技技術協理
- 神通電腦資深經理
- Borland Inc. 產品經理
- 資策會專案經理／組長／工程師

聯絡方式：

商業智慧：http://www.biit.url.tw

LINE@：https://line.me/R/ti/p/%40qwh6601p

Line ID：alexshencloud

WeChat ID：alexshencloud

築夢者心法

從一個人的夢想，到實現團隊的夢想

林殷羽

目標，似乎總在遙遠的地方，

曾有的夢想，似乎已離實現的可能越來越遠。

但「現實」並非阻礙你圓夢的絆腳石，

「現實」反倒是你學習的踏腳階，

永遠不要放棄夢想，

永遠試著讓自己的夢想更茁壯。

也許一個人的力量不夠，

那麼，結合更多人的實力，

終有一天，你的夢想會真正實現。

經常受邀至職訓局擔任培訓講師，在美容及養生領域培育新人也很有經驗，林殷羽非常清楚築夢、作夢、圓夢每個階段的分際。

看到年輕人面對未來感到困惑時，她會感到心疼。

看到有人得過且過的讓日子虛度，她會感到焦慮。

從建立自己夢想的那一天，直到美夢成真，這過程充滿了不確定以及挫折打擊，只有最堅持的人，才能夠走出自己的路。關於這點，殷羽有非常深刻的體驗，她自己就是這樣一路走來的。

♫ 那個熱愛美容的小女孩

一個人想要成功，模式有兩種；一種是擁有自己的夢想期望，然後努力去讓夢想成真；一種是接受指引，跟隨前人的腳步前進，最終達到目標，贏得榮耀。前者是自己的夢，後者是別人的夢。無論何者，只要一個人能將夢想落實，就是一件最感動的成就，就是一種成功。

對殷羽來說，她從小就有一個強烈的夢想，小小年紀的她，就已經對美容很有興趣。

興趣，人人都有，但不是每個興趣都和人生夢想有關。例如有的小孩喜歡玩踢球、有的喜歡玩官兵捉強盜，可是不代表他們人生就是想當運動員或者當警察。大部分時候，隨著時間嬗遞，這些興趣都只成為童年回憶，和一生的志向無關。

對殷羽來說，美容這件事卻是如此根深柢固，成為她朝思夢想的一種信念。如果小時候喜歡幫公主娃娃裝扮，長大後仍對如何「讓人變美」這件事有興趣，那就真的可以做一生事業了。

「夢想」與「美夢成真」有一個亙古不變的阻礙，叫做「現實」。

殷羽的夢想在當年並不容易實現，原因無他，在傳統時代，孩子必須依隨父母的意志來生活，不像現代的小孩有比較多的自主權，而當年她的家庭並不鼓勵她投入美容事業。由於父母經商，所以女孩子也被建議去念和商業最有關係的科系。因此當年殷羽沒有去念任何美容技職專業，而是念了商職。

　　20 歲那年，加入了父母親創辦的公司。當時因食品運動飲料市場往上大翻轉，開始啟動了正能量，由殷羽管理內部，哥哥負責外部，全力以赴的一起打拚北縣八鄉鎮，結果在全家人齊心合力的打拚下，將之前投資虧損的負債清償了將近 600 萬元。

　　這段歲月帶給殷羽最大的影響，就是她實際參與公司營運的實務，作為公司內部總管，她非常清楚成本概念，也了解數字管理的重要。這方面的實務結合她原本的商業學習底子，奠定了她日後當老闆的無敵本事。

　　在當年，殷羽只能依從父母的要求，念了商科。

　　念商要做什麼呢？主要是幫助爸爸的事業。爸爸是個很愛動腦筋，總愛想方設法經營事業的人。偏偏他的身分是個公務員，依照規定，公務員是不能做副業，更別說自己做生意當老闆了，所以點子由爸爸提供，事業負責人掛的當然是媽媽，至於經營事業的人，就是殷羽了。

　　當然，對年紀還小的殷羽來說，說她是「經營事業」可能比較誇大，但她在家中事業的確扮演很重要的角色。擔任「店長」的殷羽則非常盡職，白天掌理店務，晚上去職校上課，但可惜的是學校及同學舉辦的活動，都因為工作而無法參與。

　　這當兒她有沒有放棄她的美容夢想呢？沒有，她無時無刻不敢忘記夢想。只不過「現實」是她只能看顧這家店；還好，這段歲月沒有虛度，殷羽運用這段時間，學到了許多對她日後創業有幫助的經營智慧。

♫ 跟隨家人經商歷練的歲月

日後，殷羽學到了一句很重要的話：「人生，不是得到，就是學到。」

當年還是學生的殷羽，還不懂這些深奧的生活哲理。但她在當年，就已經懂得在工作找出經營的智慧。

爸媽創立的這家合作社，老實說，經營得很不容易。為什麼呢？因為她們有一個永遠打不敗的競爭者，叫做軍公教福利中心。

買東西，大家當然要省錢。要省錢去哪買？只要是擁有軍公教身分，當然就是要軍公教福利中心買。為何同樣的東西，要來合作社買呢？

初始殷羽的父親也不服氣，明明合作社就位在單位裡頭，但大部分人卻寧願選擇下班後，再去軍公教福利中心買東西。她父親不服氣不是只想在心裡，而是有了具體行動，他實際深入「敵營」去研究對方優勢在哪裡？便宜是便宜，但難道這世界一切都以價格低來決勝負嗎？

果然經過父親的分析比較，他發現了便宜後面的問題。他實際購買比較，證實當年福利中心賣的罐頭，外表看起來雖和合作社賣的一樣，但光用手拿就可以比較出重量不同，合作社的明顯比較重，分量比較足。

同樣的情況在牙膏上也一樣，他父親發現，合作社牙膏的差異化是裡面空氣較多，將兩個產品比較就可以看出來。

那年代，還沒有什麼「分眾行銷」、「銷售差異化」等概念，

但他父親透過這樣的分析，找出合作社的優勢就在於產品比較扎實。儘管只經營一、兩年就因為之後沒得到標案而沒有繼續經營，但殷羽在其中，已學到某種商業的智慧，日後她創業就會很注意，如何做出產品區隔。

合作社沒繼續做後，父親仍沒閒下來，反倒還想將事業做得更大；他仍是個公務員，只動腦做規畫，由媽媽擔任掛名的經營者。這回開了一家公司，主力產品是賣冰。

但賣冰品有淡旺季啊！這不是個好選擇；應該要賣點四季都有賺頭的東西，賣什麼呢？當年殷羽父親代理了一種新商品，叫做運動飲料，他爭取到了三重蘆洲、八里、五股、新莊、泰山、樹林、林口這一大塊區域的經銷權。至於公司的財務，自然是交給念過商職的女兒殷羽學以致用囉！

初始做得不容易，因為在當年，運動飲料是全新的東西，民眾還沒有適應這種新產品。殷羽的專長是會計，但那時還不擅長業務，況且家中觀念，也不愛讓女孩子去拜訪客戶。

曾經公司虧了兩、三年，賠了四、五百萬元。直到殷羽的哥哥退伍後回家幫忙，公司終於有了起色。一方面也因為運動飲料的觀念已經普及，二方面哥哥和她，一人主內一人主外，很快的，公司的業績做起來了。

爸爸對殷羽非常信任，平日並不會特別去查帳，只有月底翻翻帳簿看看餘額，殷羽秀出來的報表都是逐年成長的。

這段歲月帶給殷羽最大的影響，就是她實際參與公司營運的實

務，作為公司內部總管，她非常清楚成本概念，也了解數字管理的重要。這方面的實務結合她原本的商業學習底子，奠定了她日後當老闆的無敵本事。

那時她已經將青春大部分歲月都投入在家中的事業上，似乎已經和小時候的夢想無緣了。但事實證明，只要心中有夢，就算等得再晚，還是可以實現。

隨著公司企業蒸蒸日上，母親及弟弟、妹妹都一起來幫忙，公司也開始聘請新進的人員進來。殷羽這時候就逐步減少在公司參與的時間，將更多時間真正投入她的夢想裡。

36歲時，也就是2000年，她正式離開了36年的家族企業，開啟了另一個人生。先生為了家庭生計和不讓殷羽有後顧之憂，一個人負起家計兼二份工作，鼓勵她全心學習美容的各項技能，並完成考試及教學的培訓。

38歲那年，先生因長年的日夜工作，有一次差點翻落山谷，這讓殷羽警覺到該加緊腳步了，因擔心先生壓力過大，隨時會有危險，於是就配合職訓局美容講師培訓，開始在雲林、臺中、桃園等各地擔任美容講師。

♫ 做中學，學中做。逐步圓夢

這是很難得的，當殷羽真正有時間全心投入她小時候立下的夢想時，她已經年過三十，並且已結婚生子。

大部分人若像她這樣的情況，可能早就忘掉小時候的夢想，

而將生活融入長輩或夫婿這邊的工作裡。但殷羽就是要投入美容事業，就算過程要付出許多也心甘情願。

由於小時候念的不是相關科系，之後想學又已過了年紀，加上沒有獲得家人支持，那段日子其實對殷羽來說，也很辛苦。但只要有機會，她便不吝投資自己，那時她曾花了 9000 元去做美容師的培訓。

9000 元在當年是很大的數字，家人看到她花這個錢都直搖頭。但這只是她學習的一部分，基礎的理論與學識有了，殷羽接著要學的就是實務經驗了。

的確應證了那句話：「不是得到就是學到。」殷羽一路走來也是跌跌撞撞，一步一腳印才種下如今如此專業的基礎。她曾經歷過三次比較大的失敗，至於小小的挫折更是不計其數。

最早的實務階段，她去一家國際知名品牌學整套的模式，不只學美容護膚等，也學習經營制度。那一次前前後後花了她超過 20 萬元臺幣，但這個學費繳到後來的心得，殷羽發現，這個體系所傳授的不是她所要的，並且她發現不同的人膚質不同，對有些人來說，這個體系的產品，有人使用了是會過敏的。

殷羽繼續學習，這回她去了另一個體系，認識另一位大師級人物。為了得到真才實學，殷羽甚至表示，她願意去當助理，就算沒有薪水也沒關係。

後來她真的去當助理了，初始薪水每月只有 3000 元，但後來她的服務得到客戶的肯定，越來越被看重，每月已可領到 10000 元

了。老闆甚至要新進人員都跟在殷羽旁邊跟她學,「不會沒關係,跟著殷羽做準沒錯!」

那段日子,殷羽也學了很多,但畢竟不是自己的事業。她只是用低薪換取學習經驗。之後她真的要出師創業了。

說是創業,但主要還是加盟其他已有品牌的老師。殷羽彼時已經有自己完整的一套營運做法,缺的是管理實務經驗,這方面她也做了很多調適,原本這行業的從業人員有很多職業病,例如手部經常接觸可能品質不佳的油,可能造成過敏。

更常發生的是消化問題,當時美容師很普遍吃飯不正常,經常為了要服務客戶,自己沒時間吃飯,餓肚子工作,這一工作往往到了深夜才能休息。不然就是趕在客戶來前,匆匆忙忙進食,搞到人人都有胃食道逆流之類的問題。

在殷羽有了自己的事業後,就對種種流程做了改善;例如,她會要求美容師,再忙也要吃東西,就算填填胃也好,總之上工前不准空腹。

這段時間過了很久,殷羽一直附屬於一個美容大師的品牌下,依照老闆的體系規範做事。基本上只要符合她小時候的夢想,能從事美容工作,殷羽就很滿意了。

但人生就該只是這樣嗎?夢想這樣就算實踐了嗎?

後來一個學員一句話點醒了她。

　　從基礎做起，認真踏實的經營，直到 51 歲時，殷羽開始美容美體的分店家族企業。在過程中，了解到管理店務的重要性，但自己對公司制度化管理的層面，仍需再精進學習。想將公司擴大並做好 SOP 流程，積極尋找人才，因此創建社團法人中華健康調理美容美體協會，提供美容人才培養的舞臺，再和學校做教育合作。

♫ 擁有自己的團隊

　　那年，原本殷羽跟隨的那位老闆，為了發展海外事業，放棄了臺灣市場。

　　殷羽本身不是那位老闆的加盟商，但有付費參與老闆的體系，這老闆一走了，她的事業一時也走到了發展的十字路口。

　　在這段時間裡，殷羽因為本身累積了美容的專業，加上她還有中醫乃至於命理上的技藝，在業界已有一定名氣，後來也被延聘去職訓局擔任培訓講師。

　　就在那段時間，有一個學員的一席話，讓殷羽思索良久。

　　當時殷羽還在徬徨事業未來該如何走是好，一位認識很久的朋友兼學生提醒她：「老師，你既然覺得美容可以做，為何你自己都沒有自己團隊。」這句話讓她當夜失眠，輾轉反側在想這件事。

　　一直以來，殷羽認為她自己喜歡美容事業；圓夢的定義，就是讓「自己」成為美容界的權威，既成就事業又成就名聲，這樣應該就是成功。

　　但學員一席話，讓她想起，「自己」再怎麼成功，也不代表事

業有成；畢竟，事業是一群人組建而成的，如果自己在美容專業上發展得很專業，但卻沒辦法以自己為中心建立真正的事業。這樣的成功，並不是真正的成功。

想清楚了，殷羽豁然開朗。原來她這十幾二十年在美容領域投入那麼多，但總覺得缺少了什麼，就是因為她沒有建立起一個團隊，她只是單打獨鬥，所以總是孤獨以及落寞。

就以職訓局的培訓工作來說，培訓是為了做什麼？當然不是只為了生活無聊學門技藝來玩玩。一般來說，會進職訓局的人，就是有生涯發展需求的人。既然有需求又學了美容，當然要現學現用。這批人正就是很適合邀請的人。

可以分兩個面向來說，經過培訓的人，要嘛想創業靠美容賺錢，要嘛就是純靠一技之長想找到工作。無論前者或後者，殷羽覺得都可以與她的事業做結合。

要找工作，那麼可以參與殷羽的事業體系，並且依照殷羽的規範，讓這些學生學以致用。至於想創業，也可以跟殷羽合作，開店加盟殷羽的體系。

這一套模式不只可以和職訓局合作，還可以做產學合作，以實務上來說，學生是國家未來的棟梁。

曾經，殷羽自己有夢，但無法伸展，直到年過三十後才有機會慢慢圓夢，因此，殷羽對於那些美容科系的學生能夠感同身受。

透過這種同理心，殷羽很歡迎這些孩子有機會先到她公司實習，之後做出興趣了，畢了業也歡迎回來正式就職。

若只是學經驗也沒關係，殷羽也是過來人，她願意無私分享，透過產學合作，只要能夠為這些孩子建立正確的美容觀念，她覺得這是她非常樂意的事。

就這樣，透過再一次的轉型，殷羽建立一個既可以讓自己圓夢，又能夠幫助年輕人的美容體系。

🎵 這才是真正的圓夢

但殷羽的願景還要比這更大。

既然以自己為中心，她可以結合學校，結合職訓局，變成一個產學良好互動的模組。

那麼同樣以自己為中心，加上其他元素，是否也可以形成新的合作機制呢？

就這樣，殷羽將她的事業做了更多元的規畫，她不只是美容師，還是個養生規畫師，也是香氛理療師、生命靈數分析師甚至是專業的健康管理師。中心理念不變，都是在圓夢，也都是在助人，但轉個念，人生卻變得更精采。

從 24 節氣、五行、生命靈數、塔羅、七輪、阿育吠陀等各種學理，結合了芳療、食療與健康概念養生法，自行練就了一套養生哲學，讓這一刻的美容為健康新添更多的附加價值，幫助更多人享受健康帶來的愉悅。

她也積極將自己的品牌概念經營，推廣到整個團隊的操作模式上，讓這品牌不只一個 Know-How，而是由多項專業慢慢架構起來。

她可以不再只是一家美容分店，二家美容分店開啟的概念，而是一個多元事業機制彼此合作的概念。

例如和香氛精油合作，塑造生命靈數和七輪脈的相對應課程；和運動健身中心合作，透過專業的按摩手技，幫助運動後的緊繃肌肉達到放鬆的效果，團隊爭取和許多不同產業的體系合作，達到SPA界更多元的服務理念。

自己圓夢也幫別人圓夢，這種觀念得到大家的肯定。就是因為無私，就是願意將利多分享出來，所以別人也願意跟殷羽合作，願意加入她，變成她多元化大型團隊的一分子。

在實務做法上，例如合開一家公司，學財會出身的殷羽，懂得透過股權配置。她願意把50%以下的股份釋放出來，讓更多人參與，殷羽表明她不貪心，她只賺她應得的部分。

如此，殷羽創造了一個商業海綿，把人才吸進來，把技術吸進來，把商機也統統都吸進來。

殷羽目前已經累積十年以上的展店經驗，但她發現領導統御是一門深奧的學問，於是開始鑽研這門管理經營的工夫。對於團隊夥伴看優點不看缺點，並且以感動、感恩的心，用心做技術傳承。

因為她知道，一項技能能夠改變人的一生，更何況是一套完整的全配技能。殷羽堅持不斷壯大自己，幫助需要幫助的人，如同一路走來都有貴人相助一般，渴望下一代的美容師不要如此身心艱困。在禪修內觀的感動中，殷羽找到了自己的使命。

正如殷羿在她的事業體系喜歡放的一張標語：

「感恩關懷傳承、創造美麗健康。」

而這樣的美麗，正要開始。

殷羽的築夢箴言

　　許多人羨慕別人成功。但都忘了成功不是一蹴可幾，要先建立基礎。就好像參加奧運比賽般，你要找到你的「項目」，接著才要問是否有機會得冠。

　　現代年輕人的通病，沉迷在網路世界，卻忘記真實的自己「想要做什麼」；所以每當看到年輕人醉生夢死，我就很心痛。希望大家都能找到自己的夢想，再來築夢踏實。

　　失敗是成功者或多或少要繳交的學費，不要怕挫折，不要怕跌倒。哪個成功立業的大老闆，在成名沒經過大風大浪呢？我鼓勵年輕人勇敢追夢也勇敢築夢，重點是要去「做」，不要因為害怕而停在原點。

　　理想與現實的確難以兼顧，但並不是說「現實」就會綁住你的一生。建議年輕人可以像我這樣想，「現實」正好是上天安排給你的學習機會，以學習的心去認識這些過程，最終你會發現，生命的每一步都有其意義。

　　最終還是要強調一句話：「永遠，永遠，不要忘了自己的夢想。」

林殷羽

個人經歷：

- 社團法人中華健康調理美容美體養生協會理事長
- 昱絋國際有限公司董事長
- 昱柔美容美體 SPA 館董事長
- 清傳校友會理事
- 特搜大隊顧問團副顧問
- TSE 儲備講師
- 社團法人臺灣職業技能訓練學會講師群
- 臺灣亞太健康管理協會主任委員
- 新北市產經網路扶輪社副社長

曾任：

- 勞委會職訓北區講師
- 勞工大學新莊區講師
- 臺中市指甲彩繪美容職業工會顧問理事
- 中華民國美容美髮諮詢協會理事
- 新北市髮藝造型業職業工會理事

學歷：

萬能科技大學學士

銘傳 EMBA 碩士

聯絡方式：

地址：新北市新莊區中和街 99 號 3 樓

電話：(02)2277-7528

職場轉換篇

築夢者心法

用心學好扎實技能，最終你就是老闆

吳昆達（Sam Wu）

> 每個成功老闆，
> 都有段從基層爬升的故事；
> 每個冠軍選手，
> 也都有其奮鬥打拚的歷程。
> 人人想要那個光鮮亮麗的一刻，
> 但忘了背後多少的刻苦磨練。
> 別想一步登天，
> 要爬高樓，先從踏實的第一階做起。

時常聽到人們說，要「把握機會」；然而，機會只是個入場券，如果拿著入場券的人本身沒有實力，那麼「進場」後，也不能有什麼作為。

許多人一生都在等待發展的機會，等待著出人頭地的機會，等待著改變人生的機會。除非這個機會指的是不勞而獲的，例如中樂透或者一筆天外飛來的遺產，否則不論是指貴人提拔或者商業趨勢，有幸得到機會的人，都必須具備「原本就準備好的」技藝、專長、專利或者企畫案。就算是中樂透，如果領錢的人心中沒有理財

計畫，也可能最後把錢浪費掉，坐吃山空。

如何打穩實力基礎，是我們一生都要做好的課題，不論機會有沒有到來都一樣。如果外在沒有賦予機會，就自己創造機會吧！

♫ 早產兒變運動健將

現在的昆達，是個身體強健、擁有武術基礎創業有成的老闆，他從小到大，包括當兵期間從來沒有發生過被霸凌的事件；但昆達原本的體質並不是如此。

昆達出生的時候是個早產兒，來到世間報到最初的三個月，全部是在保溫箱度過。可想而知，這樣的幼兒狀況很多，幼兒時期他體弱多病，並且很長一陣子有鼻子過敏以及膝蓋痠痛等問題。直到上小學的時候都還是如此。在大多數人的眼中，昆達這一生似乎都要成為「弱雞」了。

大約在小學三年級的時候，某天，有個足球校隊同學看到昆達這個文弱的孩子每天窩在教室，便好心的問他，要不要一起來踢足球。昆達覺得這提議很好，其實不是因為想運動，而是想躲開討厭的早自習。因為球隊的訓練就在每天的早自習時間，自然可以名正言順的不必參加早自習。

沒想到這一踢，昆達踢出了興趣。能夠讓身體充分的動起來，那感覺真好，即便運動不免有各種運動傷害，他也不以為意。

變化真的很快，才不到一年，昆達覺得他體力已經變好，從三年級到五年級，更是完全轉型為健康寶寶。在那時候，小小年紀的

昆達已經埋下了不怕挫折、凡事認真的態度種子；因為踢球這件事，是不論寒暑晴雨都要做的，就算大雨滂沱，球隊也照練不誤，甚至在雨中踢起球來更加勇猛，內心燃燒著熱情，有著什麼事都不怕的豪勇。

那時候昆達就知道，原來處在弱勢的時候，不是要想方設法去「保護」自己，反倒積極讓自己處於磨練中，可以讓自己將弱勢轉化蛻變。

小五升小六時，母親擔心昆達學業被耽誤，要他不要再踢球了，好好專心念書。但昆達不想拋開運動的習慣，每天一早如果沒踢球，就好像少了什麼似的，總覺得渾身沒勁。

剛巧那時有個校外教練到校成立跆拳道隊，學校出資培訓不用學費，只需買跆拳道服就好，於是昆達私下取得爸爸同意，偷偷去報名。從那時起，他每周三及周末下午開始練起了跆拳道。

由於昆達原本就對「動起來」很有熱情，他把對足球的熱愛投注在跆拳道上，學習速度很快，在短短一年的時間，就從白帶升級到黑帶。從此以後，昆達就跟武術結下不解之緣，勤練不輟。

往後他出社會服務，擔任主管培訓新人時，總會分享這段經歷，告訴他們，沒有人註定是弱者，只看你願不願意接受磨練。

♫ 領導團隊開創校史上的奇蹟

運動很重要，對身體的幫助非常明顯，肌肉變得結實，體力也大幅增加。但對昆達來說，外在的增強還不是運動的最佳優點，培

養堅毅的性格，才是影響最大的。

　　在有紀律的團體操練下，球員們學會不為自己設限；踢足球那時候，教練除了督導大家練球，也在寒暑假要球員去游泳。冬天時候游泳一般人視為畏途，但他們必須用意志力，強迫自己一早離開溫暖棉被，在冬日裡去游泳池游出規定的趟數。

　　這樣的意志力陪伴昆達一生。意志力總伴隨著責任感，在球場上，就算腳扭傷，頭被撞腫了個包；除非教練換你下場，否則你就是要堅守崗位，不准哭，更別想坐在地上耍賴，再痛也要守護著你的職責。

　　到了高中時期，因為本身強健的體魄，以及一看就有的威儀，昆達被遴選為糾察隊長；其實昆達當時只想好好念書，他功課算是不錯的。但教官指名要他加入糾察隊，到了第二年，他以成績稍稍下滑為由想退出，教官不允，就這樣昆達擔任糾察隊長直到畢業。

　　那段時期，昆達培訓了領導力，他讓同學們印象深刻，平常與人相處非常和善，但當他兇起來，全場絕對一片靜默，聽他訓話，包括教官也只能不作聲的在背後支持著。他那時有種不言而威的威信，統領糾察隊期間，紀律嚴明，被視為典範。

　　上了大專時，學校有跆拳道社，昆達欣然的加入。後來才發現，在這所學校裡，跆拳道隊非常的不被看重，歷年來從未得過獎，往往初賽就被淘汰。

　　原本就已是跆拳道好手的昆達，沒多久就被選為副社長；實務上，社長主要負責行政公關，真正領導全隊的就是他這個副社長。

從小到大培養的毅力與意志力，讓昆達決心要讓這個被瞧不起的社團活出光采。他導入各項的訓練機制，以身作則，要全隊奮發向上。他的精神感動了全隊的人，於是人人遵守紀律，勤於練習。

終於到了一年一度大專盃比賽的時刻，歷年來從來沒有過好成績的跆拳道社，校方完全不看好，因此當團隊要去臺北參賽，校方沒有提供任何住宿補助，只提供幾千元的餐費。

隊員們到了臺北，還得由領隊跟團隊中家住臺北的成員商借住的地方，自己也提供臺北家中的臥房讓隊員們住。隊員們也是自行請假參賽，而無法請公假，校方的態度完全就是冷眼看待的感覺。

出發前昆達就集合大家，對大家說，現在唯有自立自強，運用這次比賽機會拚出成績來。你們要讓自己永遠被校方漠視看不起嗎？如果不想，這一次我們就拚給他們看。

帶著化憤慨為力量的心情，全員奮力一搏，他們一次次跌破觀眾眼鏡，不但接連晉級，竟然連陸軍官校、警察學校這樣的強隊，都被他們打敗，最終取得校史紀錄上第一次的大專盃跆拳賽亞軍。

就這樣，昆達領導一群最不被看好的隊伍，贏得了獎盃，也贏得了尊重。一回到學校，立刻接受到最熱情的歡迎，歡聲雷動中，大家都哭成一團，而且在校園中走路有風。昆達及跆拳社還被校董邀請並親自接待，且在校董的別墅中餐敘。

這是昆達一生的堅持，要做一件事就做到好。外界的任何阻力，都要當作是試煉，堅持堅持再堅持，就是要化不可能為可能。

🎵 擔任應用工程師所遭逢的無奈

昆達在校學習的是化工，畢業及退伍後，他憑藉著優良的在學資歷，很快的就錄取上臺灣頂尖的化學儀器企業。抱持著凡事做到最好的心態，昆達一進這家公司服務，一待就是二十年，直到 42 歲那年才自己出來創業。

其實在昆達進入這家公司不久，他就發現到一個現象。那就是只要抓到竅門，任何人都可以很輕鬆的混到薪水。以他所擔任的應用工程師來說，這個職位的人，大半時間都待在外面，平常都是在客戶端做服務，若回到總公司，只是處理文書作業。

以他這樣的應用工程師或者其他維修工程師來說，只要客戶端做到沒問題，其餘的時間要去做什麼，公司並不特別去追蹤。於是理所當然許多人就會摸魚，有的同事刻意把為客戶服務的時間抓鬆，只做到不讓客戶抗議就好，然後下午的時間就去釣蝦或者看電影。昆達對於這樣的態度並不認同，他自己永遠堅守好自己的崗位，從不摸魚。

那麼昆達的時間都怎麼運用呢？

他寧願多去關心客戶，就算客戶端沒問題也經常互動。他更深植自己的專業，有空就多專研儀器知識。他用心去了解產業脈動，對儀器及相關領域持續的了解。

以薪水來說，這家公司同工同酬，勤勞的跟打混摸魚的，領的錢是差不多的。

但長期來看，昆達累積了別人無法取代的專業，他成為最懂這

一行的達人；更重要的是，他建立了他的信用，業界廠商對他都很信服，這也奠定了他後來創業的基礎。

信任感的建立，不是單靠往來互動密切就可以的，特別是在像化學儀器這類專業的領域，客戶看的是扎實的專業素養。

初始，昆達所負責的只是教育的部分。以一臺儀器從工廠端到客戶端來說，主要分成三個專業；第一部分是業務，將機器賣給客戶；第二部分是安裝，將機器裝置在客戶端；第三部分是操作使用，就是教育客戶如何操作，包括發生問題如何處理等等。基本上，負責這三部分的人是完全不同的，昆達就是負責第三部分的專業；但其實這三件事環環相扣，例如客戶需要先認識產品，再決定是否買東西，如果少了一環，就無法達成任務。

昆達的心願，就是希望可以完全學會所有環節，他也曾主動跟老闆表達他想轉換職位。但老闆對於員工或有防備之心，所以拒絕他，只表示每個人好好站在自己崗位做好本分就好。

由於昆達經常和廠商互動，廠商端也都對其相當信任，對於要採購什麼設備，也都和昆達討論。但礙於公司流程，昆達只能轉達客戶意願給公司，再由公司派業務端來處理。

每次的流程大致上都是如此：昆達和公司呈報，公司表示知道了，叫業務經理出來；業務經理再交辦昆達要他「做好簡報」，到了簡報當天，昆達帶著業務經理和業務副總到場，實際上做簡報的人是昆達，業務經理和業務副總只在後面負責和廠長聊天。最後昆達的簡報完畢，客戶滿意了，決定採購，再由業務經理及副總和對

方簽約。

當簽約完離開，昆達走在後面，廠商那邊的人偷偷拉住昆達，問說：「這件事你自己來做就好，怎麼還帶了兩個人來？」

對此，昆達也很無奈，辛苦半天，業績額度還是在業務部，昆達除了得多做工外，薪水完全不會因此增加。

他也感嘆著，錯誤的制度將大幅降低員工工作的意願與工作效率，這是他日後創業引以為戒的。

🎵 突破瓶頸，學習更上一層樓

初始，昆達並沒有想要創業。他的人生志向，就是堅守自己的本分，好好努力工作，賺錢照顧好自己的家，除此之外，他沒有其他的野心。

也因此，直到 40 歲前，他一心都只想著如何讓自己可以在崗位上做到最佳成績。由於公司制度的限制，昆達的學習遭遇瓶頸，這也是讓昆達最想要突破的。他發現他所面對的最大挑戰，就是業務；所謂業務，其實在這行指的不是如何說服客戶，對昆達來說，他缺的是成本結構、報價方式及利潤的拿捏，但這恰恰是公司不想讓他知道的。

不過，久而久之，昆達找到一個方法。他知道對業務來說，他們就是要業績，如果昆達不會搶到業務的業績，反倒可以增加他們業績，那業務一定願意和昆達合作。於是每當客戶端有想新增設備的需求，昆達除了回報總公司以外，也和相熟的業務接洽了解，取

得報價的數字，由昆達自己和廠商溝通，等廠商確認可以再約業務一起來簽約。

就這樣，昆達逐步了解業務的報價，乃至於合約簽署方式。

而在機器的裝置上，過往常發生客戶想要了解一些事情，但到了現場才發現機器根本尚未安裝好，因此無法教學。之後的作法，昆達改為每當有廠商要裝機，他就跟著去，當機器安裝好，他也順便去做教學。而趁著安裝的過程，昆達就在旁邊用心學習。如此，他後來也學會了如何裝置儀器，包含如何維修，需要什麼零件，他也都了然於心。

就這樣，靠著自學，昆達讓自己真的成為這一行業的專家，以銷售機器的三個環節來說，他全都懂了。也就是包含業務、安裝維修和使用，他已可獨當一面。

但對昆達來說，他心中完全沒有創業這個選項，所以即便三十幾歲的時候，他已經可以獨當一面當老闆也沒問題，但他完全沒有創業企圖。

倒是那時候，有些事讓他幾乎想要轉換跑道；最根本的原因，就是公司制度上，永遠同工同酬。明明因為昆達的努力，帶給公司的獲利明顯增加，但昆達的薪水，永遠只是和同期的人一樣。

更有幾次的毛遂自薦，想要承擔更多的任務，例如有一回新竹分公司因為人員流失面臨裁撤命運，需要新的領導人去扶持，但即便昆達主動請纓要去新竹發展，但最後公司還是把新竹分公司進行裁撤，也不讓昆達調過去。

就在昆達感到心灰意冷的時候，一件事又讓昆達繼續留下來。

　　原來，因應國家新的檢驗標準，每家藥廠的儀器都要符合安裝驗證、操作驗證及性能驗證等所謂 3Q 認證。

　　這是一個龐大的作業，關係到企業轉型，放眼全公司，唯有昆達對這個領域有全盤的了解；所以，義不容辭的，昆達就擔任這個專案的負責人。為此，昆達又在這家公司服務了八年。

　　其實，對於想把事情做好的昆達來說，除了因為責任感外，也因為他想學習更寬廣的領域，3Q 認證，是之前昆達沒有學習過的部分，要建置 SOP，要製作發展流程，要統籌部門聯繫等等。昆達也在努力的學習中取得原廠給予 3Q 確效操作人員及訓練講師的認證，甚至成為原廠確效高峰會唯一一個臺灣的代表。

　　當時原廠於全世界的分公司及經銷商中，認證的訓練講師及高峰會成員僅有 12 位。

　　這些資歷，讓昆達成為好手中的好手。

♫ 建立完整專業學習，正式創業

　　當一切建置完備，每天兢兢業業的昆達，某一天交出報告後，鬆了一口氣坐在廠房邊看著天邊夕陽。忽然一個聲音在心頭響起：「昆達，你也四十幾歲了，你的人生還要繼續耗在這裡嗎？」

　　直到那天，昆達才認真思考著創業的可能。他想到自己即使再服務十年，以這家公司的制度，他如今的位置已算到頂了，收入和職務都很難有新的發展。

　　40 歲是人生重要的關卡，要朝資深專業主管邁進，或者自立門戶，他必須有所抉擇。

　　評估了好幾天，畢竟，一離職代表失業，過往穩固的高收入不見了，難免會恐慌。但幾經內心天人交戰，最後，昆達決定要離職，另創自己的事業。

　　其實這時候，因應化工相關產業，包括全臺的化工廠、製藥廠及學術研究機構，有很多的商機，有很多企業需要做 3Q 方面的輔導，各種儀器也持續需要維修及教育。

　　大環境充滿機會，而對昆達來說，他準備好了嗎？他當然準備好了，放眼全臺灣，能像他一樣懂得這領域全方位知識的，可能不多了。

　　過往只是沒想到創業，如今確定要創業了，他二十年來累積的專業能力、和廠商間的人脈都發揮效益。

　　就這樣，昆達正式成立自己的公司。

　　初始兩年，面對客戶端的適應，以及母公司在各方面的打壓，難免遭受許多困難打擊。

　　但到了第三年後，昆達已經站穩腳步，並且他的企業也持續往其他領域拓展，不再只局限於化工領域，公司營業額也逐年成長。

　　來到了創業第五年，回首過往，能有現在的成績，若當年也比照其他同事般打混摸魚，那是絕不可能有現在實力的。

　　有機會跟年輕人分享的時候，昆達總告訴年輕人，做人做事要踏實要深耕，不要怕苦不要找藉口偷懶，也許一開始很累，但久了

之後，就能累積自己能力與實力，當機會來臨時，就可以比別人更早攀登新境界。

昆達的築夢箴言

別說自己不可能，凡事缺的是磨練，

只要肯訓練自己，弱雞也能變洛基。

以我的觀察，所有成就不同領域頂尖成就的人，

都從打好基礎開始；

打球練拳也都從基本功勤練，

做事業成就高峰，也是從最基礎的勤勞做事開始。

妄想偷懶一步登天的，難有大成。

機會是給所有準備好的人，

什麼時候準備？

「現在」就要準備。

你的專業夠嗎？你不需要再強化技能嗎？

別蹉跎自己的光陰，積極培植實力就趁現在。

活在當下

人常常都把許多心思與精力放在悔恨過去、恐懼未來，

殊不知人們真正可以掌握和擁有的其實只有當下，

因為你永遠不知道意外與明天哪個會先到來。

吳昆達

- 冠昱生技有限公司營運長
- 國家級太極拳教練既社區大學
  太極拳講師
- 英國 City&Guilds 認證國際講師
- 英國 City&Guilds 認證品質保證
  稽核師及訓練講師
- 英國 City&Guilds 認證國際管理師
- 日本 SHIMADZU 認證 IQOQ 操作人員培訓講師
- 美國 ABNLP 認證 NLP 專業執行師

築夢者心法

做個穩扎穩打、樂觀的培訓者

王齡憶

有些事的發生不可避免，

但發生就發生了，

心情失落、悲傷、憤怒等等，都無濟於事。

在人生不同的階段，

懂得樂觀面對眼前的事，

並善用自己特質打造事業優勢，

不論身處任何行業，都可以有一番成績。

她是王宥勻的妹妹，在前面介紹宥勻的築夢故事時，齡憶也曾出場。然而，就算是出身同一個家庭，遭遇同樣的童年困厄，長大後姊妹倆也一起奮鬥。但宥勻是宥勻，齡憶是齡憶；從她們姊妹分別敘述的故事裡，也可以看出，不同的個性，不同的人生觀，但只要努力、用心，一樣可以寫出自己美麗的故事。

王家姊妹和她們的哥哥，小時候生長在一個有家暴背景的家庭，一方面要守護他們深愛的母親，一方面又要防衛有暴力習性的繼父。這樣子的成長環境，極有可能養成行為偏差的孩子；但在王家卻有了特例，三個孩子，都樂觀上進，三個孩子日後也都事業有

成，在笑意盈盈的臉龐上，看不到任何成長的陰影。

特別是對於王齡憶來說，這更是難得，因為她是守著父母親最久，伴隨家暴陰影直到二十多歲才解脫。

🎵 我要守護好我的母親

當處在苦難環境下，就要學會苦中作樂，才能讓自己不要陷溺在痛苦的感覺中。到現在，齡憶和她的哥哥姊姊，有時候見面還是會邊吵架邊笑鬧，接著媽媽也會參一腳。對她們來說，人生就是這樣，過去怎樣不要計較，把握當下，珍惜家人最重要。

但難免當年的傷痛還是會留下影響，齡憶記得，小時候她是很自卑的。失去了親生父親，母親改嫁的繼父又是如此的殘暴。他有時會半夜裡把小孩叫醒，沒有任何理由，就罰孩子拿椅子半蹲。他會強迫孩子做各種家事，如果哪天發現母親正在洗碗，他會二話不說，拿起水管就往母親頭上灑，教訓她不讓孩子做事，甚至當下會摔碗盤及動手打人。

凡事可以有很多面向，遇到這種成長背景，多數孩子心頭會有陰影；但對齡憶來說，可能因為從小就很多東西想要卻得不到，這使得她日後更懂得珍惜。

也許對一般人來說是再平凡不過的事，對齡憶來講卻有其珍貴的地方。例如學生時代，每當夜幕落下，走過一排排的屋街，看著黃色的燈火，齡憶就不禁心頭湧起一股羨慕，她想像著每盞燈下都是一個溫暖的人家。那種溫馨的感覺，有時候讓齡憶停在路邊，不

願離去。

因此，從小就養成不自怨自艾的習慣，既然每件事都值得珍惜，再怎樣都比過往那段日子好，那就沒什麼好讓自己不快樂的。齡憶出社會工作後，就算職場上碰到什麼困難，也很少抱怨。

她總會想起學生時代，姊姊自己離家去找工作，哥哥留在岡山，母親跟繼父為了躲債，北上臺北。小時候，三兄妹就有一個默契，如果有一天三個孩子必須分開，那麼「負責」留在母親身旁守候的那個人，就一定是齡憶。

因為繼父雖然凶暴，但他對這個小女兒算是比較疼愛的，哥哥、姊姊脾氣都比較硬，會和繼父起衝突。齡憶則比較安靜乖巧，所以若母親又遭逢家暴，至少有齡憶在，可以多少幫母親化解些。

這樣的「任務」，齡憶就承受下來了，也真的發揮了一定作用。直到她都入社會工作，也當到主管職了，還經常得午休時間趕回家裡，看繼父有沒有在欺負母親。那是三兄妹心頭永遠的擔憂，而三兄妹也都不約而同，內心立志，為了讓母親脫離苦海，拚命的努力著。

🎵 做專櫃的歷練

自承反應能力比較慢，不像姊姊宥云那麼聰明；其實，齡憶的特色是穩重，她可以安步當車，但堅持穩扎穩打的把事情完成。

一開始北上臺北時，為了生計，母親曾在臺北遼寧街夜市開店賣筒仔米糕及碗粿，齡憶也有參與店務，後來生意不好收起來，那

時齡憶也畢業開始要找工作了。

她想要報考空姐，積極的去補英文，在考空姐前的過渡期，在加油站打過工，還去日本料理店端盤子。結果齡憶的空姐夢在第一關就被刷下來了，沒想到，她努力學英文，到頭來她面試卻是敗在臺語。原來空姐也要臺語流利，而這齡憶臺語不太「輪轉」。

空姐夢沒了，但齡憶不久後考取了另一個感覺也是環境優雅的工作，她進入一家國際保養品集團任職，從此開始擔任專櫃小姐。

那年她 21 歲，靠著勤奮，兩年後就升任為櫃長，又過了兩、三年，有一回年終尾牙，齡憶因為業績不錯，被公開表揚，並且也有一筆獎金。

那時臺灣區的老闆就和她聊，問她有沒有興趣來當股東；齡憶一開始聽不懂，後來知道，這家企業有員工入股的制度，齡憶因此就成為她那家門市的股東，所以她也是老闆之一。

雖是股東，但其實還是上下班的工作，身為上班族，齡憶其實很滿意她的工作，秉持著珍惜原則，她覺得日子過得也很安穩。當然，那段上班生涯也讓她體會了很多的職場人性，那些經歷，對她之後投入傳直銷有很大的幫助。

齡憶在專櫃領域真的表現很優異，她帶領的那家門市營業額，成了全臺灣第一，全亞洲第七。

這是因為齡憶帶領員工很有一套，她最擅長的就是靜靜的聽員工的心聲，然後和員工交心。另外，她也擅長排解紛爭，人與人間相處難免會有齟齬，但齡憶總會居中排解，讓大家齊力同心。在她

領導及培訓下,她讓每個櫃姐都能發揮百分百的戰力,大家團結,因此能締造全臺第一的佳績。

當年她的姊姊宥勻開始投入傳直銷,力邀齡憶加入時,齡憶並沒打算過去,因為她本身在這家公司表現優異,收入穩定;個性講求安穩的她,一點都不想投入傳直銷。但最終會被姊姊說服,除了姊姊那種堅持的強大信念外,上班族場域的勾心鬥角,高層人士對她的排擠,也是她最終離開的推力之一。

日後齡憶在進行培訓工作時,非常強調「人和」的重要,她認為再好的產品、再多的行銷資源,若沒有人和,也是事半功倍的。

♫ 形象需要歷練後調整

對齡憶來說,在國際保養品集團擔任櫃姐那六年,對她的個性影響也很大;甚至直到今天,齡憶偶爾作夢還會夢到她在做專櫃。

王家三兄妹雖然小時候懂得苦中作樂,不讓自己陷在陰影裡。但三個人中,齡憶的個性還是偏安靜的,更小的時候她其實是自卑的;稍長,她則是表面上樂觀安靜,實際上內心還是很在意別人的看法,骨子裡對自己沒自信。但專櫃生活,讓齡憶學會如何管理,如何面對客人。

很多事,是需要社會歷練來改變的。如果依照齡憶的本性,是有話直說,平常則不愛社交,能不講話就不講話;事實上,直到她後來和姊姊經營事業有成,擔任公司高階主管,她仍是把自己定位為輔佐的人,不是主角明星。

大部分時候她仍是安靜不講話，只不過當輪到她上臺的時候，她就會依不同場合調整，有必要的時候，她甚至說唱逗笑都來，讓剛在臺下看她的人，有點錯愕。

　　這些也都是訓練來的。

　　齡憶在專櫃工作時，會遇到很多比較奇怪的人。例如有人想買沐浴乳，竟然問她：「請問沐浴乳是洗澡用的嗎？」如果齡憶稍微表現得不耐煩，客人就會去投訴。後來齡憶也就了解到，這社會就是這樣，有形形色色的人，當我們面對不同的人，就必須學會去如何去轉換角色。

　　所以以後當她和客戶講話時，就盡量把客戶當成完全都不懂的門外漢，用愛心耐心以及微笑來面對；但當面對自己同仁時，她扮演就是另一個角色，她會嚴格要求同仁做事認真。

　　個性一板一眼的齡憶，真的是公司交辦什麼任務她就執行什麼任務，一點都不會打折；好比說公司規定這月業績目標是多少，她就要求員工，一定要朝目標前進，別的門市如何運作她不管，但她自己的門市，就是要朝目標前進。

　　對於她自己的形象，齡憶也是畢業後有機會跟以前同學聊起，才知道原來在別人眼中，她是個「冷漠高傲」的人；但她只是不愛講話，也不會去跟人家交心而已。甚至有人以為她是嬌嬌女，家裡一定很有錢，實際情況正好相反。

　　所以，自己的表情也會決定她在別人眼中的形象，這對日後齡憶投入傳直銷培訓工作也很有幫助，她會設法讓自己不要看起來那

麼冷冰冰，特別是面對新進人員，她一定和藹可親，好讓她們更進入狀況。

♫ 從上班族到傳直銷的思維

現在齡憶在傳直銷界，是很受敬重的講師，每次站在臺上，面對成千上萬人，她一點也不緊張，任何的場合都能處之泰然；但私底下的她，依然是個性安靜。

最初還在做專櫃時，姊姊宥匀花了一年試圖說服她，齡憶就是不肯加入傳直銷，後來終於加入後，齡憶卻業績攀升很快，一年內業績就達到可以被招待出國的階段。

齡憶印象很深刻，那時她從臺北打包好行李回到高雄找姊姊，剛巧姊姊要出國，因為一些帳務問題，交代齡憶幫她處理，當齡憶去幫姊姊刷本子的時候嚇一跳。當初姊姊來找她加入傳直銷時，齡憶自己月入已達六、七萬元，相對的姊姊那時月入才 3 萬多元，所以齡憶就覺得姊姊幹嘛拉自己去收入比較低的工作。但此時刷本子，她才發現姊姊每月收入都已超過 20 萬元；這讓齡憶真正認真思考，上班工作和傳直銷工作的差別。

一般上班族工作，隨著歲月累積，月收入成長緩慢，甚至停滯不前；但以姊姊的例子，她做傳直銷事業，業績卻成長八倍，並且未來還會更加成長。

人生苦短，效率決定一切，如果這事業賺錢的速度那麼快，就真的要用心投入。當然，對齡憶來說，高雄是個已經變得陌生的地

方，她一切都要從零開始。

但從小培養的個性，安靜但很樂觀，讓齡憶沒什麼猶疑，很快就上手。她始終深信樂觀可以戰勝一切，就連小時候家暴環境的陰影都可以克服。對於工作上的挑戰，她相信樂觀就是力量，做任何事重點是起心動念，當一個人心態上是樂觀的，那困難絕對可以迎刃而解。

就這樣從 2006 年開始，齡憶跟著姊姊也做了十幾年了。包括最初參與的第一家傳直銷，到後來姊姊參與創業的第二家傳直銷，秉持著聽話照做精神，齡憶一路追隨，也一路創造佳績。

♫ 依自己個性發展事業強項

齡憶有一個很好的天性，那就是樂天知足，安穩踏實。她從一開始就知道，自己和姊姊是不同類型的人，她安於做自己，不去爭功，也不去羨慕別人的做事方式。

既然姊姊宥匀天生就是個鬼才，有很多想法，那麼齡憶就安於讓自己當個沒有想法聽話照做的人。做為新人，齡憶要做的事很簡單，那就是「聽話照做」，姊姊要她往東，她就往東，想都不去想要不要往西。

這其實是一件很不容易的事，齡憶看過很多人，有一種舊有職銜的牽絆；例如以前的職業是公司高階主管，現在要來做傳直銷，心態就覺得「我以前是大人物，你別想指揮我」。但齡憶從一開頭就把自己當成空杯，她不去把過往擔任櫃長的心境帶過來；「反正

這裡就是我陌生領域」，抱著這樣心境，一切從頭開始認真學。

為何做一行有很高的比例，投入的人沒賺到錢或者很快就退出呢？往往原因就出在，很多人表面上是「聽話照做」；實際上是「聽主管的話」，卻是「照自己意思做」。

在王家一切公私分明，私底下在家中，齡憶可以跟姊姊吵架吐槽打打鬧鬧；但一到工作場合，姊姊就是主管，就是帶領她往前的人，她說什麼齡憶就做什麼，絕不打折。

但齡憶也依照自己的個性，發揮她的專長。從專櫃的經驗，她發現自己有培訓的專長，當年她可以培訓一群沒經驗的櫃姐，跟她一樣變成銷售冠軍，這種「培訓力」也是一種珍貴的能力。

當姊姊宥匀在前面衝鋒陷陣，發展事業，齡憶就發揮專長，她可以把帶進來的人，由庸才訓練成業務好手。齡憶有她獨有的一套訓練方法，她對人要求嚴格，也比較重視細節，當她安靜不說話時，自有一種威嚴，光用眼神，就可以督促一個人不要偷懶。

在工作分工上，姊姊宥匀非常善於點將，她看到合適的人選，會纏著對方要加入，一加入就是戰將。相對來說，齡憶比較常開發的是「消費者」，她可能先找到一群只消費產品，但不擅做業務的人；進來的人，透過齡憶的培訓，就可以逐步變成好業務。

例如，齡憶會從生活周遭找人加入，包括以前的同學，包括買手機時認識的人，包括買衣服認識的人，甚至買飲料也可以邀人加入。對齡憶來說，先有一群長期消費族群也很重要，至少可以保住基本收入，在此基礎上，慢慢找出可以培訓的對象，發展事業。

♫ 珍惜美滿人生

隨著事業發展，如同在宥勻故事裡說過的，第一家傳直銷公司後來組織發生變異，讓很多人的事業無法進行。宥勻後來轉換跑道，曾有一段低潮期，之後才又找到好的創業模式，有了如今這家營業額很高的傳直銷事業。

在那段過程中，姊妹倆的差異再次看出來。相較於宥勻的想要冒險找出新的事業模式，齡憶卻是個安步當車，樂觀守成的人。當宥勻離開時，齡憶雖然覺得公司改變制度，帶來一些困擾，但她很快就適應了，還真的因應公司規定去成立一家店。

有一陣子，因為制度改變導致收入降低，齡憶經營傳直銷店面時，還兼營玉米攤。她凌晨就出門去果菜市場載 50 斤玉米回來洗，自己在家煮，另外還請了一個員工，等早上開店時，一起銷售，整個過程齡憶都是隨遇而安的樂觀模樣。

後來姊姊宥勻有段時間為了生計，經營鹹酥雞攤，從宥勻故事裡可以看到那是段痛苦的過程，但樂觀的齡憶那時卻還想著，如果鹹酥雞「事業」做大，她這邊來開個分店也不錯啊！

就是這樣的樂觀，同時又具備寧靜特質，讓齡憶有著一種特別令人安心的氣質。有時候生命有很多的挫折紛至沓來，這時候煩惱再多也沒用，齡憶認為既然發生都發生了，就樂觀應對吧！

後來姊姊宥勻開創新事業，又來找齡憶，重演當年齡憶在北部當櫃姐時的情節，齡憶覺得自己現在的店作好好的幹嘛換；但姊姊依然不死心一直說服說服說服，直到齡憶真的被說服，把店收掉，

加入姊姊的事業為止。

外人看這對姊妹，覺得她們真的很有趣，但其中有很深姊妹情深，那種感情鏈結，是她們一輩子珍惜的。

當然，後來的發展，一開始也是從零開始，一開始也是很慘，沒什麼會員；但如今一切都已經做起來，姊妹倆如今都是這領域的佼佼者。她們的合作依然是一個很會拓展，一個很會培訓，相互合作，默契一百分。

想起從前的苦日子，如今雨過天青了，姊妹倆把母親帶在身邊，常帶母親出國，享受天倫之樂。

過往的家暴歲月沒有留下陰影，因為樂觀及努力，齡憶贏得幸福的生活，家庭事業都美滿。

齡憶的築夢箴言

心中總要有種認知：

所有困難都是過程，都只是狀況，

但這些困難不是結果。

所以比如說事業拓展過程，遇到組織的問題、消費的問題、還是說找不到客戶，我覺得這都只是狀況，都只是過程。

不要被過程打敗，要相信美好結果就在前面。

演什麼像什麼

曾經我也端過盤子，那時候我就做好端盤子的角色。

後來當櫃姐，該嚴格的時候，我就管理好的同仁，追求業績領先。

到了傳直銷產業，有時候要把自己當演員，當需要你上臺，就拋棄矜持，勇敢面對臺下聽眾，就算必須講笑話，也必須講。只要能讓角色扮演到位。那就是你的職場任務。

傳直銷這行講求自律

為何很多人失敗？因為太自由了。

人一旦擁有自由，卻又不懂嚴格自我要求，

就很難有成績。

記住，99％做這行失敗，都是因為缺乏自律。

王齡憶

曾經在保養品專櫃擔任櫃長一職。但,想創造不一樣的人生,所以加入康園服務,加入第一個月就創造月收入 35 萬元。

擅長開發及組織領導,希望可以幫助更多想要成功有企圖心的夥伴邁向人生的高峰。

聯絡方式:

電話:0976-768777

LINE:0976768777

一個總是創造傳奇的人

孫詰洋

> 他不僅是臺灣海運業的傳奇人物,
> 也在世界海運界占有一席地位。
> 他開創了貨櫃調度新的運作法規,
> 總在危急關頭臨危授命救火的他,
> 也寫下諸多經營管理的奇蹟。
> 而今,退休離開職場,
> 他要傳承智慧經驗給百萬人,
> 新的人生道路正要開始。

這世界上,沒有人真的不可取代;但的確有的人,若少了他,事情運作就不能那麼順利。孫詰洋,他這一生從畢業至五十幾歲退休,所從事的行業只有一個,那就是海運業;但他把他的工作做到極致,多次臨危授命,化不可能為可能。他所服務的部門單位,總是留下令人懷念的事蹟,就算他調到其他單位多年後,都還有人來信表達好希望他繼續回鍋領導他們。

詰洋不只不斷創造高峰,幫企業以及自己達成目標,圓一個又一個的夢,他更因為想要幫助更多的人,後來選擇退休,挑戰另一

種生涯。他在業界立下典範，也立志幫助值得幫助的人成功，擁抱快樂與成就感，過更有意義的生活及為尚未畢業的年輕人指引未來方向。

♫ 長榮的年輕明星

念的是海運相關科系，畢業後也學以致用，詰洋當時就進入臺灣知名的海運龍頭長榮海運服務。那年是 1983 年，社會新鮮人夢寐以求的三大企業就包含長榮，那是個有志者可以發揮的園地，而詰洋也沒有埋沒他的天賦，以此為出發點，開展他燦爛的人生。

由於工作認真，反應機敏，詰洋在人才濟濟的長榮，仍能嶄露頭角，一路高升挑戰新事物。在 1988 年，二十幾歲的他，就已成為長榮總部 CCC 全球貨櫃調度的總調度執行者，俗稱「大調」。

當時長榮的總貨櫃量達 22 萬 TEU（TEU：貨櫃基本單位），詰洋所處的位置非常重要，除負責亞洲區各港口的空櫃供應外，包括美洲、歐洲及地中海等區域中心 DCC 的所有空櫃運回亞洲的原則、數量都必須由他來隨機制訂與安排負責。這是一個非常精細繁瑣的工作，簡單來說，任何時刻，公司絕對不能發生欠缺空櫃的情況，只要發生，責任就落在詰洋身上。

才二十幾歲就要獨自承擔環球的貨櫃調度事宜，年輕的詰洋也曾因緊張，約有一個月的時間睡不著覺。但等他整個融入作業，他就開始創造紀錄，也常夢中笑醒，因為做到以較低成本，滿足營業需求。

從他就任這個職務直到兩年後調職，長榮從來沒有發生任何一次缺櫃的狀況；這還不是最重要的，重點是，他這兩年裡，做到了「總貨櫃量／總船舶艙位」只有 1.88 的紀錄。

　　畢竟，僅僅沒有缺櫃不算能幹，要做到充分利用貨櫃，又不至於太多空櫃閒置；也就是既要公司業務蓬勃，又要將成本壓到最低，這需要高專業的管理。舉例來說，此 1.88 係數與繼任者的年係數差距，經由換算，年成本節省是為 9 位數新臺幣。

　　1988~1990 年的「以較低經濟成本，安排全球空櫃調度，未曾缺過空櫃，既滿足業務需求且節源」為他日後的貨櫃調度工作奠定了良好基礎。

　　1991 年詰洋因故離開人人稱羨的長榮海運。但有能力的人絕不缺工作機會，他剛離開沒多久，就去應徵臺灣另一家當時還不是很知名的海運公司萬海航運，也從此改變了萬海航運老是會缺櫃的宿命，且後來在長榮海運（含立榮海運）也傳出真不該讓詰洋離去投靠競爭同行的聲音。

🎵 第一次的貨櫃調度傳奇

　　比起當年臺灣前十大知名企業長榮集團，萬海海運的規模小得多，貨櫃量只有 3.5 萬 TEU，約為長榮的六分之一。也正因為這家公司規模比較小，後來當詰洋打造出幾個海運業的傳奇事蹟，才更引人嘖嘖稱奇。

　　1991 年詰洋應徵萬海時，他最受矚目的資歷，當然就是他的

調度專才。過往，萬海航運有個致命傷，那就是擺脫不掉總是會缺櫃的狀態，如果業務人員辛苦的招攬到貨量，結果公司卻缺櫃，對整體士氣是很大的打擊。

但詰洋一來萬海之後，整個營運就改觀了，自 1992 年由其自己規畫調度開始，萬海海運再也沒有缺櫃問題。對詰洋來說，他連 22 萬 TEU 的貨櫃處理都游刃有餘，35000TEU 的貨櫃調度更是完全沒問題。

曾有人好奇，難道詰洋是天賦異稟，所以管理實力特別強嗎？詰洋總是謙虛且務實的說，其實他只是遵守他自己訂下的十六字的箴言：「洞察趨勢，預測結果，主動出擊，搶占先機」，不論做任何工作，他都秉持這個原則，他說他從不打沒把握的仗，如果一件事他沒做好準備，他寧願暫緩而不輕易躁進。

就是秉持這樣精神，1997 年，詰洋創造了一個至今仍名留海運史的傳奇。本著達到「確保公司有貨有櫃，取得最佳承租貨櫃條件」的大目標，平常工作認真，重視分析，善於使用收集力，組織力又很強的詰洋；那年一開始，就發現到一個趨勢，他預估當年三、四月，整個的貨櫃需求量會大增，亞洲區將面臨大缺櫃。

1997 年 1 月，詰洋大膽預測三、四月會缺櫃，於是召開團隊會議，陸續向租櫃公司預約承租了 10000TEU 的租櫃，等於「一次性掃光所有亞洲區各港口的剩餘租櫃」。

當時世界各大海運公司都仍在還櫃，因為那時期是貨運淡季，但詰洋卻反其道而行，大量預定租櫃，且同時在組織內力抗許多質

疑的雜音，因為在過去全球沒有人如此操盤安排過。

　　這的確是大膽的賭注，如果預測錯誤，公司會有一大筆成本開銷，詰洋也將名譽掃地。但對詰洋來說，這不是賭注，這是他分析判斷的結果。事實顯示，到了三月，很多海運公司也開始發現情況不對，正要開始準備櫃子，才發現早已都被萬海租走了。

　　這一役讓萬海一夕間名聞世界，一家規模不頂大的海運公司，卻讓全世界所有海運集團急跳腳。後來還是為了要與租櫃公司保有良好關係，詰洋適度的釋放一些預約租櫃。

　　這次的發展，到當年三、四月，如同詰洋所預估，有升高的貨櫃需求，而詰洋預先的準備全部發揮功效；他用最低的成本，讓公司不但不缺櫃，並且因為獨占鰲頭的貨櫃掌控，萬海的業績也快速飆升，擺脫大競爭對手立榮海運的糾纏。

　　往後，詰洋繼續開創許多奇蹟，例如至今海運業在做長期租櫃時，有個免支付修櫃費額度條款，那是當年詰洋為了幫公司節省成本，而和租櫃公司所創新談出的條件，後來竟變成了全球海運界的通用慣例。

　　「一舉扭轉空櫃不足狀態、一次性承租掃光亞洲區租櫃、開創全球長期租櫃條件模式，成為公司成長最大後盾」，又「1997年一次性掃光承租亞洲區租櫃」實是航運界的驚天壯舉，創造了第一次貨櫃調度傳奇。

♫ 總是創造第一創造新紀錄

從 1983 年進入海運業服務，一直服務到 2000 年 3 月，詰洋的主要工作，就是貨櫃調度。不誇張的說，他不僅是臺灣貨櫃調度專業第一把好手，甚至說他是世界 NO.1 也不為過。

這樣的他，自然認為他這一生的主力工作就在這個領域。但命運卻對他有其他安排，或者說，公司對他有更大的期許。於是在 2000 年 3 月詰洋銜命遠赴他當時還沒去過的美國。

所謂調派美國，並不是去哪赴任。相反的，他必須從無到有，開創新的辦公室，因為他的任務就是開辦美國洛杉磯與舊金山兩家子公司。

就這樣，詰洋和其他三個成員，遠赴人生地不熟的美國西海岸，詰洋再次展現他的神奇運籌帷幄能力，他們只用了 45 個工作天的時間，就把成立一家公司的每個基本環節，包括公司設立、各項簽約、架構系統、人員徵聘等做好基礎，且準備到位。

然而，努力工作，經常加班到深夜的他，一個人處在陌生的國度還是很想念家人。在臺灣的年幼小女兒透過越洋電話，請爸爸搭公車回家，讓他一陣鼻酸，加上憶及甫往生半年的父親，當場灑下男兒淚。最終，詰洋個人開創了美國西向回亞洲的首五班船，每週每航次 1000TEU 全部滿載的紀錄。

當時，詰洋再次展現他過人的智慧，原本西海岸因為是進口大於出口，空櫃較多，是業者與租櫃公司的共同煩惱。但詰洋反倒去掃櫃搬運、租用這些櫃子，其他海運業者到第三週時發覺苗頭不

對,於是大家搶租,造成當年洛杉磯及舊金山之貨櫃拖車調度供應吃緊,缺櫃還缺車史無前例的狀況。此做法不獨充分使用所購買的船舶艙位,也同時解決了萬海當時在亞洲某些港口租不到貨櫃的燃眉之急,一舉數得也。

完成百天美國之旅,圓滿達成目標與使命,成功協力完成美國兩間子公司的成立與運作後,詰洋本身原本擬回到駕輕就熟的崗位上繼續發光發熱。

但總經理告訴他,他的人才培訓原則,要同時具備三大特點:一、要具備某一個領域的專業;二、必須歷練第二專長;三、要有駐外的經驗。於是他接受公司的調任,去到企畫部。初始是副座,半年後就成為企畫部部門主管,是公司一級主管。

2001 年到 2003 年是亞洲金融風暴後的年代,許多國家與企業經歷慘況,但萬海之「獲利/營業額」百分比值,在全球貨櫃航運業,一年為全球第二,另一年為全球第四,讓身處企畫單位的詰洋感到無比欣慰,與有榮焉。

♫ 帶人帶心,再次立功

之後詰洋又多次擔任救火隊,似乎公司裡任何組織單位只要發生狀況,需要善後解決,最終總會想到要找詰洋。

例如,詰洋就是萬海的第一任中國地區操作總代表。他也是從零開始,詰洋到任後,馬不停蹄的去接洽交通部、市政府、港務集團、鐵道部、邊防、水警司等單位。

為了建置良好營運關係，詰洋付出許多。他知道事業經營要順利，抓住人心是第一，特別是注重人情味的華人社會，人脈更是一定要顧好。在他派駐擔任開創者的兩年，不只強化了大陸各辦事處的向心力與團結度，每年也替公司節省了八位數字的人民幣。

2005 年 3 月，這回則是調派去杜拜，擔任杜拜合資公司總經理與中東紅海地區總代表。一到任後所訂定的目標是「穩住合夥人關係、識人、帶人、用人，打造團隊靈魂，創出利潤極大化」。

首先，詰洋先藉由迎新送舊晚宴，設法穩住與合夥人的關係。接下來，他開始公司治理，在「做事」方面，對旗下四個單位主管宣布，他管理採取信任制，請各個主管放手去做，除非有不敢承擔需要他來扛的，再來找他，而詰洋本身則專注於「做人」。第一個月，他與每位員工交心，一對一在他的辦公室做心靈交流，每位耗時 40 分鐘到 2 小時不等，透過和員工的互動，他和員工建立了更密切的關係，也更加認識了所有員工。

第二個月，詰洋提出與四個部門各自聚餐，每週安排一個部門，地點由主管自己選，但強調三點原則：一、要可喝酒（喝酒才能聽出真話）；二、每次餐廳要不一樣（見見世面）；三、要安排晚餐（這樣才能盡興）。

透過這種員工交流，表面上看是在與員工同歡；實際上，詰洋也藉此機會了解到主管和其單位內員工間的互動，在那樣的場合，詰洋就明顯可以看出主管平日是否得人心。

第三個月，在對整家公司的每個團隊，都已經有基本的認識

後，他開始安排最重要的所有員工的家庭聚會，員工與家眷大夥兒齊聚一堂，無比歡樂。

三個月過去了，就他所看重的有潛力的幹部、員工，安排舉辦私下之家庭聚餐。在那樣的場合，他不只對員工表達關心，更表達公司看重你的家庭。聚餐到最後，往往當事人的另一半，會在詰洋面前鼓勵自己的先生（妻子），老闆對我們那麼好，你絕對要好好幹啊！

就是這樣，詰洋和全公司交心，全體員工都願意為他全力以赴，穩住了原本面臨有點紛擾的杜拜公司，此實是「做人之百日絕活賺進九位數臺幣」的最佳寫照。

♫ 決心要影響更多的人

詰洋在中東的成就，讓很多員工對他很感佩，包括當年詰洋在任時曾舉辦辦公室最受歡迎員工票選活動中排名第一的人。那位排名第一受歡迎員工曾寫信給詰洋，告訴詰洋一個「好消息」，他錄取了一家國際知名企業，當初面試一試就錄取，因為當面試時，他拿出當年曾和詰洋合影領取最受歡迎員工獎的照片。

2007 年再被公司調去救火。這回詰洋被調回臺灣，派去一個新成立 9 個月卻一直虧損的公司台基國際物流。2007 年 9 月中旬報到，2007 年 9 月當月雖然仍虧損，但是只虧 5 位數而已。

10 月起親自帶領營業單位拜訪客戶群，至 10 月底營收更已轉虧為盈，大家相當驚訝。到 11 月營收仍是正值，對營收能否保持

下去，外界仍持觀望態度。怎麼想都沒想到，12月的作業量竟然達到詰洋於9月剛到任時所訂定的目標作業量，且有7位數的月盈餘。2008年5月的獲利是為2007年10月的八倍之多，進而於2008年7月被拔擢為總經理。

是的，這真的是傳奇。當有人和詰洋請教，他是怎麼做到的，他第一句話總是說：「請不要誤會，這不是我個人的功勞，這是全體大家一起努力的結果。」

但從員工對詰洋佩服的眼神就可以知道，詰洋帶人可以帶心；在員工的心目中，詰洋上班的時候，不怒自威，他說一，大家就不敢說二。但一到下班時間，詰洋又能成為大家的好朋友，總是沒有架子，和大家打成一片。就是這樣的人，所有員工都願意用心為他賣命，業績增加，就自然而然發生了。

詰洋一直在海運業服務，橫跨了三個不同領域，一直做到他自己申請退休；在32.5年間他寫下的傳奇，已經可以寫下很多本書了。當退休時，他年紀才五十幾歲，身體硬朗，仍然充滿朝氣，心態才三十幾歲而已，但他為何仍然選擇離開這個讓他寫下傳奇的舞臺呢？

關鍵在於年過五十後，他逐漸接觸到比較多的生離死別。有些海內外業界的同事，或者他見過的不同行業的優秀菁英，都因故過世。每當在那樣的場合，詰洋除了內心感到深深的傷痛外，不免也有種遺憾：「唉！一些那麼好的人才，就這樣離開了，他們生前的那些知識、技能，就這麼跟隨著他一起消散。」

初始只是內心感嘆，後來他忽然想清了一件事，如果一個人有很好的能力，卻不傳承下來，那真的太浪費了。詰洋不僅想傳承，並且想要影響更多的人。

　　曾經，他想要專門當個救火隊，退休後，專門去找一些瀕臨虧損或管理失靈的公司擔任 CEO 或總經理，再創各種奇蹟。但後來想想，憑他一己之力，就算一次救一家公司，也救不了多少人。

　　與其如此，倒不如培養更多和他一樣的人，大家掌握了他的管理智慧，這樣不是可以幫助更多的企業，以及幫助更多值得幫助的人嗎？

　　秉持著這樣的大智慧以及大愛，經過一段時間的沉潛思慮後，詰洋於 2017 年 10 月 5 日悟出其人生使命「服務傳承百萬人」，準備迎接開創他的第二生涯。他認為生活的美好，在於他給別人帶來多少快樂。施比受更有福，今天在你還有付出的能力而付出時，遠比那些沒有能力或有能力而不願付出的人還要幸福。

　　從現在開始，他要讓每個人從他身上看到自己的希望。他進一步體認到他個人的成就取決於他善待過多少人，幫助多少人實現夢想，有多少人懷念他。最後，他希望每一次的付出可讓一群人的生命得到改變。

♫ 與人分享的職場智慧

　　人生五到：聽到／看到－知道－悟到－做到－得到，沒行動力就得不到，終究一場空。夢想很重要，但不可實現的夢想只是空想、

幻想、白日夢罷了。一定要從夢想中理性找出可以實現的標的物，奮力投入，達成目標。

也就是說，夢想是自己最愛的，理想是在理性狀態下，衡量出可能完成的夢想，目標是在一定時間內要爭取達到的預期成果。先有夢想，再有理想，使成目標，全力實現，方可享有豐碩的成果。

除「服務傳承百萬人」的人生使命外，詰洋的一生有三組八字箴言，那是 1993 年悟出關於做人的「建立人脈，以誠相待」。2001 年悟出關於做事的「目標、方向、規畫、執行」。方向就是戰略、規畫就是策略；如果沒有目標，沒有方向，就不會輕易出手。2017 年悟出關於人生終極目標的「有錢、有閒、衡量人生」。所謂衡量人生，就是要幫助值得幫助的人成功，擁抱快樂與成就感，過更有意義的生活。

2017 年母親節退休，總共在海運職場服務 32.5 年，橫跨三大領域──貨櫃航運、國際物流與貨櫃碼頭，歷練過操作、企畫、業務、海內外總經理與海外總代表等職務。

經一、兩個月休息及思考人生未來的規畫走向，最後他選擇要透過教育事業來幫助更多人。主要分兩個族群，一個是針對事業體，包含事業經營者、主管以及一般員工等；一個是針對大學生、研究生，當許多人煩惱畢業即失業時，詰洋想要透過教育培訓告訴這些人「如何畢業即就業！」。

未來至少有八大趨勢，分別是：區塊鏈化、高齡化、少子化、中國化、M 型化、文創化、AI 物聯網化以及全球暖化。將詰洋本

身的狀態，結合選擇「中國化」的趨勢，套入創業的基本公式：興趣＋專業＋趨勢＋時間差＝創業，與詰洋現在創業規畫的第二生涯「教育訓練行業＋經營管理」，不謀而合。

詰洋現在的心態是內心充滿無比溫暖與欣喜，因想到將會以知識經驗傳承與做公益來幫助那麼多值得幫助的人。詰洋正思忖著從戰略方向＋策略方法著手，人脈存摺需要三種人，那是客人、貴人和志同道合的人。向行業成功人士請益學習、共事合作，形成「凹凸互補、共同價值」。

再結合五大步驟：1、不間斷充實自己；2、站穩可發展舞臺；3、建立影響力品牌；4、立足深耕新事業；5、完成百萬人傳承；來打造他的「桃李滿天下」的黃金夢想、理想及目標。

2018 年起，詰洋啟動他的教育計畫也是助人計畫。看來，他又要開始創造他另一章的新的傳奇了。

詰洋的築夢箴言

- 人們活著的使命是活出心中的夢想，讓夢想轉動成真，人生旅途就不會有遺憾。

- 要夢想成真，必須先付出，批評與煎熬都是成功的先決條件。辛苦，辛苦半輩子；不辛苦，辛苦一輩子。你要選擇通往成功前的痛苦，還是遺憾終生的痛苦。

- 無限夢想，燃燒理想，達到目標，掌握頓悟。有「頓悟」，才會產生改變；有「目標」，才有成功起點；有「方向」，才會減少冤路；有「規畫」，才會有跡可循；有「執行」，才有最後拼圖。

孫喆洋

學歷：

國立臺灣海洋大學航運管理碩士

經歷：

- 1983 年長榮海運
- 1991 年萬海航運
- 2000 年協助成立萬海美國洛杉磯、舊金山子公司
- 2003 年萬海中國地區操作總代表
- 2005 年萬海中東、紅海地區總代表及萬海杜拜合夥公司總經理
- 2008 年基隆台基國際物流總經理
- 2012 年臺北港貨櫃碼頭副總經理

專長領域：

領導管理、公司經營管理（轉虧為盈）、專案企畫力、
團隊領導力（以人為本）、激勵行銷力、洞察趨勢力、
創新目標力

演講或課程主題：

1. 32.5 年海運職場之十大領導管理關鍵案例、如何畢業即就業、邁向目標 圓滿夢想、成功之自我踏實經驗談、做好自己人生的 CEO、打破瓶頸突破制約、激勵行銷 vs. 目標管理、時間管理、頓悟、溝通是聽出來的、天賦智能與求職須知、BU 領導管理關鍵實戰案例分享、大腦控制術、建立信賴 無敵成交、職場新任務的使命必達——領導管理八大心法…等多元主題。

2. 1991 年至 2017 年在公司內部、學界、產業界、政府單位的演講以一張投影片為之，華人圈稱為孫一張，老外稱 Mr. one page Suen。

人生八字箴言及使命：

- 1993 年，做人：「建立人脈以誠相待」
- 2001 年，做事：「目標方向規畫執行」
- 2017 年 1 月 25 日，終極目標：「有錢有閒衡量人生」
- 2017 年 10 月 5 日，人生使命：「我要服務傳承百萬人」

聯絡方式：

LINE：kevin6865

Wechat：ks6865

45歲從零開始，開展亮麗新人生

楊允淇

> 那時我和社會脫節十年，
>
> 曾有的經歷都已成過去，
>
> 一個中年失婚的弱女子，
>
> 沒人脈、沒資源，還有家累負擔。
>
> 年過45能從零開始開創新局嗎？
>
> 要找答案不用問專家，
>
> 答案在我們內心是否有一定要的決心。

2015年是她開始入社會的一年。

她，不是剛畢業的大學生。她，也不是滿腔鬥志看來前程似錦的年輕人。當手機響起，她談的不是工作的事，她只是個和孩子做親切叮嚀的母親。

兩個孩子，一個在念國中，一個還在念小學。她年過45，距離大學畢業已經超過20年，儘管如此，她必須走進社會謀職。因為那年她已經單身，儘管有些贍養費，但他仍必須走出家庭開始負擔起家裡的生計。

她是楊允淇，站在一個茫然的起始點，很少人看好她有什麼

未來。人家說現代大學生，畢業即失業，走出校園門口，只有 22K
工作等著。允淇的狀況更慘，她連站在校門口的機會都沒有，但她
必須走出家門。

那年她是個單親媽媽，2017 年，她已是個專業講師。用專業
的自信風采，站在舞臺上，分享她的人生智慧。

♫ 從職場走入家庭

少女時代的允淇，在品行上，是無可挑剔的乖女孩。她個性
溫和乖巧，不標新立異，做事總讓人放心。依照那年代對女孩子職
涯的一般規畫去念了商職，畢業後的出路也順理成章的，離不開數
字，都是從事商業的內勤工作，如會計、出納、股票代操等等。最
終的願景，自然就是嫁給良人，相夫教子，成就家庭，也等於成就
自己的一生。

單純善良的允淇，從小就是這樣的思維長大，一路走來，都是
這麼「順理成章」的走著。

再接下來的人生，也依然照傳統的女性劇本走法，漂亮的允
淇，追求者眾，很快的她找到了心儀的伴侶，28 歲結婚，達成多
數女子的「夢想」。

婚後的她並沒有辭去工作，當起家庭、事業兩頭燒的職業婦
女。以資歷來說，她在金融領域也有十多年的經歷了，當時若要轉
戰更高的領域，是很有機會的。但她碰到了所有女性都會碰到的兩
難，允淇之前本就因為工作忙碌，婚後多年沒有懷孕，直到 32 歲

第一個孩子誕生，仍繼續工作；五年後又懷了第二胎，蠟燭兩頭燒讓她不堪負荷，最終還是選擇回歸家庭這條路。

那時候她在投顧公司，年薪已經高達百萬元，若再服務下去，年薪數百萬元指日可待。但若有個價值天平，高位階高年薪，跟孩子的教育教養做比較，重視孩子教養的允淇，她覺得教養孩子這件事比較重要；因為她認為教育好孩子，才是她最大的資產。終於，允淇還是忍痛做了一個生涯抉擇，退出職場。專心當一個好太太，好媽媽。

這是一個常見的劇本，在臺灣，只要是已婚婦女沒有人不面對這樣的兩難。就這樣，允淇成為臺灣上百萬「家管」之一，過起平凡的日子。她失去了社會地位光環，從一個專業理財顧問，變成一個每天提著菜籃到市場買菜的 NoBody，全心全意教養孩子，所有的重心都放在孩子和家庭上面。

有十年的時間，除了運動健身外，沒有與工商社會做任何聯繫。她曾經以為就這樣靜靜的生活到老，直到夫婿退休，孩子長大成人，兩個白髮伴侶再攜手，一起在海邊漫步，看夕陽，聊從前。

♫ 從家庭如何走回職場

只是，人生隨時充滿意外。從沒想過，曾經以為可以終身託付的伴侶，終究還是會因理念不合，步上分手的這條路。但事情發生就是發生了，過程異常艱苦，原本離婚就已是女人生命中一件很受創的大事，更別說是男方不想離、女方仍堅持要離，背後的痛苦，

已經遠遠超過離婚的痛苦。允淇在 2014 年一整年，經歷了種種磨難與法律訴訟之苦。

到了後來終於解脫後，開始有一個嶄新的人生；但苦難並沒結束，因為接著就是艱困的現實問題，要怎麼養家活口，要怎麼度過後半輩子，若人生以 80 歲計，她還有整整一半的人生要過啊！

任何人處在她的位置都會恐慌，與社會脫節十年，她就算去面試，也拿不出履歷。你要說二、三十歲曾擔任專業理財顧問嗎？時移事往，現在的財經環境早已和當年不同，更別說十多年沒摸工作，自己對理財專業還懂多少。

如果說靠著贍養費可以勉強過日子，允淇也自問：「我這輩子就要這樣過了嗎？我只能照顧孩子長大，然後責任結束，我就這樣過一生嗎？」

這樣的聲音，當時一直在允淇腦海迴盪。讓她做決定是相對困難的，因為兩個孩子都還在求學階段，最大的只是國中生，這樣的年紀，絕對無法自立。如今成為單親媽媽，允淇的肩上責任更加重大。夢想，夢想值幾塊錢？她要放下孩子去做夢嗎？如果換做是其他婦女可能也會深考良久，最終還是只能靠贍養費，勤儉持家，將希望寄託在孩子長大可以報父母恩這件事上。

但允淇當時內心有著強烈的海浪澎湃，剛經歷過婚姻挫折的她，一兩年來的風風雨雨，讓她心力交瘁，卻也讓她懂得思考。從前，她一切以家人為依歸，人生最青春的時光，統統被綁在婚姻裡，前後近二十年。現在她要思考自己人生真正想要什麼，她很確定，

她是願意付出奉獻的人。

她的願景是可以投身慈善公益，做一個幫助最多人的人。但要做這件事的自己，目前卻無能為力投身大型公益。那麼，答案顯而易見，那就是先要讓自己成為那個「可以做慈善事業助人」的人，所以要先賺錢，而且要賺很多錢。

那段日子，允淇經常失眠，徹夜思考人生，最放不下的還是孩子的教養。然而一旦下定決心，要先賺錢培養自己的經濟實力後，孩子照料問題就必須找方法處理，而不是一個困住她的選項。就這樣，她先找友人代看孩子，之後再委請母親北上幫忙照顧。允淇這回真的下定很大決心，要重回職場了。

從前，她是個專業人士，在辦公室裡分析數字，那個年代已經過去。從前，她討厭銷售，覺得是在強迫別人；但現在她知道，為了創造高收入，既然已經無法從基層做起和年輕人競爭，她別無選擇，就是要做銷售。

2015 年，允淇終於成為一個靠業績生活的打拚婦女。她加入一家手工醬油公司，擔任無底薪的業務員；自己包裝、出貨、搬運一箱箱的醬油到賣場、商店、展場，開著自己的車，到處找賣點。

凡事都是磨出來的，一開始她也是門外漢，連對路人開口介紹醬油，都會臉紅。但生活逼得她必須硬起來，她不得不從一位溫婉女子，變成當街叫賣產品的業務。

那一年，允淇以有機商店的個體戶為據點，非常努力去賣產品。公司規定的基本業績是 20 萬元，這數字看似沒什麼；但她賣

的不是房地產，不是汽車，她賣的是日常生活用的醬油，即便是高品質高單價的醬油，一個月也需賣上千瓶才能達成業績。

第一個月，允淇憑著一股熱忱，全月無休，到月底只達到公司規定業績的一半。到了第二個月，全力卯起來拚了，終於達到20萬元業績目標；但那卻是允淇一天工作超過12個小時，沒日沒夜銷售的成果。即便如此，一個月的抽成收入，也只有4萬多元。勉強是當時年輕上班族的收入標準。

就這樣，允淇當了八個月的業務，當她發現，就算努力打拚，收入也就在那個範疇時；允淇覺得，這對她來講，不是個好的生涯選擇。她覺得她人生一定缺少什麼，缺少一個可以讓她收入突破的技能，既然她缺乏，她就必須去學習。

也因此，允淇把辛苦賺來的錢，投入自我學習成長上。她決心去學習能夠創造更多業績的能力，首選就是要銷售能力。既然要學，就找最好的，也就是在那時，她透過好友的引介，認識了商業培訓界的少林寺：創富教育的杜云生老師。

♫ 改變一生的重要導師

允淇開始上杜云生老師的課，也因此得到人生改變的契機。

她表示，她永遠記得，那一天是2015年10月17及18號；這兩天的課程，杜老師徹底改變她的想法。允淇覺得自己有被醍醐灌頂的感覺，忽然間，她對未來充滿鬥志與希望。

當下她沒有猶豫，在老師問要不要進入進階課程時，她立即舉

手報名，參加價值 10 萬元的課程。之後她持續精進，因為她找到人生導師，有了可以學習成長的機會，允淇不想錯過，包括業務銷售、公眾演說等等，允淇都投入十二萬分心力去學習。

到了 2015 年底，杜老師問允淇，是否願意到大陸去發展，擔任種子團隊。這又是人生中一大抉擇，過往允淇從未離開過家，這一去也不知何時才能回來。但這回允淇很快就做了決定，因為她已經確認自己的人生目標，知道她最終要追求什麼。

她知道孩子的成長需要陪伴，但機會來了也不容錯過，在天人交戰、得失之間必須做出決定。她去大陸不是永遠不回來，而是要在短時間內提升自己，換取將來長遠的財富自由，一旦等她建立好自己資源，那時候就更有能力照顧家人了。

因此，在和孩子溝通取得共識，也請母親代為照顧孩子後，允淇在 2016 年 2 月飛去大陸，開始擔任杜云生老師的種子學員，在中國協助創富教育事業的課程推廣。允淇也因此直接參與老師的每堂課。等於用一年的時間，同時讓學習精進，又培養業務能力。

這是一個很大的挑戰，但允淇表示，她這一生除了當年結婚，再沒有這麼興奮過，那是一種追夢的勇敢自我實現。她很感激，是杜老師，讓她再次擁有作夢的機會。

這一年裡，允淇成長很快。她坦言，因為大部分時候都在學習，她幾乎沒有收入。但人生事業，就是要從奠基開始，一旦打好基礎，未來收入就可以滾滾而來。

有人問她，會後悔嗎？也有人問，同樣要打拚，難道在臺灣

不能打拚嗎？一定要拋家棄子到大陸發展嗎？允淇對於其他人的質疑，都可以理解。但內心的夢，唯有當事人最明白，和杜老師學習是一個難得的機會，現在中國是全球最大市場，到中國發展是無可取代的選擇。這些允淇都清楚知道，她也清楚小孩子是甜蜜的負擔，她是做好安排，才出發的。

這一年的確辛苦，她每月當空中飛人，回來看看孩子，又要飛往大陸。在那邊人生地不熟，除了杜老師外，其他人都不認識，也有著艱辛。但這一切都逐步走過來，到現在，允淇在中國也有自己的人脈圈了。

經過這段時期的淬鍊，讓允淇大幅度成長，從一個沒什麼基本技能的中年失婚婦女，允淇找回自信，變成一個可以上臺授課的講師。這之間當然除了那一年的見習外，也經過正式的講師培訓。2016年底，結束大陸專案，允淇回到臺灣；旋即受到創富教育集團徵招，正式進入培訓體系，她已經成為一位「兩岸」專業講師。

從培訓開始，花了四個月的時間，密集訓練完成所有的講師培訓計畫，即刻宣布開課可以承接企業培訓以及去校園演講。允淇主動積極爭取上臺的機會，她表示，一開始都很害怕，誰初次上臺面對群眾不會害怕。但她克服那段摸索期之後，先由當主持人開始，2017年這一年，允淇已經擔任好多場活動的主持人，培養了人人稱讚的臺風。

到了2017年5月，她正式成為講師，可以和杜老師同臺，一起負責部分的演講課程，2017年9月，允淇更是獨當一面，有了

自己的課程，成為創富教育集團正式授權的授證講師。

這一路走來，允淇回首當初下的決心，以及遠赴大陸的辛勤，結果終究沒有白費，如今穿起套裝，非常專業幹練，又不失女性柔美的允淇，是個令人讚譽的好講師。

其實在講師的領域，允淇也做過抉擇，創富教育集團有很多課程，但允淇為何選擇「公眾演說」呢？因為她認為這個領域最具有挑戰性，對一個失婚又只做過內勤工作的中年婦女而言，完全沒有舞臺經驗，還要面對臺下學員授課，無非是一大挑戰。

另一方面也能實現她的夢想，允淇想要投入慈善公益；這世界上，又有什麼事可以比得上公眾演說能帶來最大的影響力，靠著一支麥克風的公眾演說，允淇可以鼓勵更多人投入慈善，這樣帶來的力量，絕對比個別投入公益要更強大。

展望未來，允淇除了成立自己的講師品牌外，她也想要到偏鄉地區，或到育幼院去公益講課。教導那些孩子們學會「公眾演說的技能」，讓他們能夠藉由這樣的技能在未來步入社會中，不管在哪個領域，從事什麼樣的工作，都能讓他們有一個很棒的切入點。增加他們求職機會與提升工作表現。

如今，看著自己的夢想一步步實現，允淇想跟所有和她一樣的婦女說，不要自我設限，不要害怕面對挑戰。沒有人說中年婦女就要無所為，前途黑暗，也沒有人說中年婦女不能從零開始。

要先開啟自己心靈，才能改變自己的命運。改變自己的命運，就能改變家族的命運。當自己壯大起來了，自然變成有能力幫助別

人的人。

♫ 實現生命存在的價值

允淇表示，她從來不會想天上掉下來禮物，是行動讓夢想可以實現。她總是很踏實，清楚未來目標在哪裡，然後一步一步朝夢想去實踐。

在一個因緣際會下，她女兒念小一的時候，她參加了福智基金會的讀經班，從此接觸了佛法；受了佛法的薰陶，對於人生也看明白很多事。

她表示，佛法是落實在生活當中的，遇到逆境時，她總是想著人生無常，不知是明天先到還是無常先到？用這角度看待身邊所發生的事，你會發現沒有什麼好計較，也沒什麼過不去的事了。

人生不過是短暫的過客，活在當下很重要，在有限的生命當中，你如何發揮你這輩子來到這世界上的存在價值？你能為這個社會做什麼？貢獻出什麼？這一點相當重要。

她最終的夢想是當一位「慈善的企業家」。先完成小我，才能成就大我。雖然她現在還在夢想的道路上努力著，但她付出愛心的力量是不變的、是堅持的。

在家扶中心認養孩童近二十年，創世基金會、愛盲協會、仁友愛心家園、聯合勸募等等，都是她長期捐贈愛心的管道。哪怕是隨便的經過市場，路上只要遇到有街友、化緣師父、弱勢人販賣，她都慷慨解囊，往往那天她捐出去的錢比自己一天花費的還要多。

儘管如此，她強調「施比受更有福」，並積極參予慈善公益活動，例如創世基金會的街頭募款、寒士30的義工，還有其他社福團體的慈善義賣義工；哪裡有需要，只要時間允許，她都義不容辭。

　　她私底下透露，其實她是一個很容易滿足的人，欲望很低，平時都粗茶淡飯，有蔬菜、水果就能把她餵得飽飽的。她不愛錢，但卻想賺大錢，因為在這物質的世界裡，不可否認，沒有錢是很難推動夢想的。所以人生自我實現、強壯自己才有能力去照顧家人、照顧世人。

　　人人都可以有想法，但若沒去落實，「有想法」跟「沒想法」結果都是一樣的。她的人生可以在短短一年多的時間翻天覆地的改變，都是透過不斷行動的結果，累積無數個小行動，就能得到無數個小結果；累積無數個小結果，你的人生就改變了。所以根據她的經驗，為此下一個結論：「只有行動，才能改變命運。」

　　行動的影響力驚人，兩年前任何人看到允淇，都會覺得這只是個柔弱茫然的女子，對她的際遇只會抱予同情也不會對她有什麼指望。但這個弱女子如今是可以站在臺上，對著上百位學員授課，備受尊崇的講師。

　　她鼓舞很多跟她同樣狀況的婦女，是家庭主婦也好，是失婚婦女也罷，走出新希望，開創新局面，上天接受到你堅定的能量，世界都會為你讓路。有夢想就去追求，行動帶來改變，這是用行動帶來的改變的成功實例。

允淇的築夢箴言

要時時讓自己充滿正能量，心中充滿愛與感恩，感恩的心是離財富最近的距離。做事情腳踏實地，每天進步一點點，365 天就進步 365 點點。想想三年後的我要變成怎樣的人？五年後的我又是什麼樣的人？敢作夢敢追夢，那麼上天就會協助你夢想實現。

行動行動再行動，最終還是要強調這點。不論你站在哪一個點上，感到無助與徬徨絕望，行動都會帶來改變，前進一步，總比站在原點哭泣的好。行動吧！未來就在你的行動裡。

投資自己是穩賺不賠的事，它能讓你成長，它能讓你強壯，它能讓你更有價值。當初要不是刷了 10 萬元買課程充實自己，就沒有一個改變的起點。當初沒有下定決心去大陸發展，就無法快速累積市場經驗。

當初沒有加入授證講師行列，也沒有現在的自信、能力與專業，更沒有舞臺可以發揮。所以朋友們，不要害怕走出舒適圈，大膽的投資自己，勇於改變，不斷行動，你會得到你想要的結果。

楊允淇

不斷學習與行動
才能改變命運

學歷：

蘭陽技術學院國際貿易科

經歷：

- 2006 年至 2015 年近十年的家庭主婦
- 2015 年黑豆桑實業有限公司業務
- 2016 年創富教育集團杜云生中國種子教練
- 2017 年創富教育授證講師
- 2017 年 300A1 區臺北市東家獅子會祕書
- 2018 年環視科技業務經理

專長領域：

教授銷售式的公眾演說

聯絡方式：

電話：0905-901531

LINE：a653716

志業格局篇

用愛播下的種子，引領我成長茁壯──崔嘉容

不只是 NO.1 音樂人，也是全方位成功者──許芷芸

秉持良心教育下一代──黃俊傑

築夢者心法

用愛播下的種子，引領我成長茁壯

崔嘉容

有一個願望，在小女孩的時候就已經成形，

願望如此深埋心底，

就算是經歷風浪顛波的生涯，

也因有夢而支撐著往前行。

你是否在心底也有一個可以讓你持續前行的力量，

那是永不熄滅的引擎，

就算身邊一無所有，

你也可以對天吶喊，我還有一顆永不放棄的心。

♫ 母親的智慧－心有多寬，成就就有多少

近年來，崔嘉容將她主力生活圈，放在社會服務。原本就長期投入志工服務，在獅子會擔任祕書的她，又被賦予更大的使命，承接了獅子會會長的職務。

獅子會長年以來，積極參與各種地方的服務，出錢出力，頗受讚譽。而嘉容在從事各項志工活動的時候，經常也會帶著親愛的媽媽一起陪在身邊。包括去偏遠地區的學校捐助營養午餐，帶領團隊去海邊淨灘，以及推廣捐血活動等等。她一邊樂在助人，一邊也很

高興有媽媽和她一起參與愛心活動。

那一天，嘉容正在忙著撰寫活動公文，坐在一旁的媽媽忽然開口跟她說：「女兒啊！你做了那麼多好事，這輩子算是很有價值了，我以你為榮！」

初始，嘉容愣在那裡，之後，她熱淚盈眶。

其實，從小媽媽就很少公開稱讚嘉容，她總是抱持著信任的角度，她相信自己的孩子是最好的。從小到大，嘉容就很活潑，擔任過各種幹部，風紀股長、學藝股長、康樂股長，各種職位她都勝任愉快。

嘉容真的是多才多藝，不論壁報比賽、舞蹈比賽、田徑運動，統統難不倒她。但即便嘉容八百公尺賽跑得冠軍、舞蹈也得名次，家裡已經掛滿各種獎牌，媽媽看著她就是只是笑一笑、點點頭。

後來嘉容創業置產，也算有些小小成就，媽媽對她也只是笑一笑，點點頭。

但現在媽媽卻主動開口稱讚嘉容了，她終於知道，在媽媽心裡：

一個人有多大的成就、賺多少錢，不是最重要的。

一個人能夠貢獻社會，幫助多少人，才是最重要的。

♪ 堅持做對的事，立志一輩子要幫助人

嘉容爸爸來自山東，出身於一個當地享有盛名的大家族。在大時代的動盪中，隻身來臺，當年他已經四十多歲，和崔媽媽成家，也創立事業，崔家在迪化街當時也算小有名氣的布業商行。

　　嘉容印象中，爸爸是個琴、棋、書、畫樣樣通的人，既會吟詩談天說地，也懂得如何經營生意。如果說，嘉容後來求學時代得獎連連，是得自於爸爸的遺傳，應該也沒錯。

　　不幸在嘉容9歲的時候，爸爸就因病過世；之後媽媽獨力撫養三個孩子，邊打零工邊撫養他們長大。

　　嘉容印象很深刻，有一年她姊姊跑到媽媽身邊，她很驚訝的告訴媽媽：「我同學家附近有小孩子被棄養了，好可憐喔！」嘉容在一旁聽了，很同情他們被丟棄在育幼院門口，失去父母了的疼愛。

　　嘉容自己的家，媽媽雖然要獨立撫養三個小孩很辛苦，但還是無怨無悔的作工照養這個家。嘉容原以為天下的媽媽都是這樣的，直到那時，她才開始知道，這世界上有很多可憐的人，無家可歸的孩子要被送去孤兒院，此外，還有各種因生病、老弱或遭遇各類困境而陷入悲慘境地的人。

　　當時她年紀雖小，卻已經立志，將來要做一個可以幫助這些可憐人的人，有錢的時候，她想蓋一所孤兒院。

　　媽媽對她的影響也很大，從有記憶以來，媽媽每個月都會去龍山寺拜拜，每次參拜完，她總會把東西分給寺裡需要的人；若生活有餘力，也會拿東西送給那些街友。

　　中小學時候，嘉容還沒能力幫人。到了20歲左右，她開始打工賺零用錢；從那時候開始，她每個月固定會捐錢到慈善機構，直到如今三十多年，從來沒有一個月中斷過。這中間，嘉容也曾碰到各種人生低潮，包括離婚、財務危機等等，但她堅持著她當年立下

的心願，她要一輩子幫助人，因為「助人為快樂之本」。

所以立志，是非常重要的事，嘉容的立志，讓她人生路上無論碰到什麼大風大浪，都想到自己不能倒下去，否則就不能幫助別人了。好心有好報，這反倒讓她可以事業之路上成長茁壯，能有一番成就。

♫ 錢是種子，若能慷慨解囊幫助弱勢，老天爺也會幫你

從小，嘉容就很愛賺錢，這個心願，不曾動搖。就是因為那個從小深埋心底的心願，她將來要賺很多錢，並且幫助弱勢，同時蓋一所幼兒園，收容孤兒。

非常愛讀書的嘉容，不放棄學習新的事務，半工半讀完成大學學業，並且讀到研究所；為了可以學會如何賺錢，所以嘉容學生時代選擇的科系，都是和金融理財相關的，這讓她日後成為一個財務專家。

這許多年來，嘉容在社會上也看過了許多的企業興衰。她發現，動機純良的企業，比較可以經營久長；那些為了賺錢卻泯滅良心的企業，則終會被淘汰。

嘉容自己在事業經營上也幾經起伏，但最終，她都能夠度過難關。嘉容相信，冥冥中自有天意，上天知道她賺錢是為了助人，所以就算碰到什麼困難，也會讓她很可以找到貴人，度過難關。

♫ 企業經營需要用心與專心，不可分心

嘉容很年輕就結婚，25 歲就已經當媽媽了。但因為丈夫的工作收入不穩定，所以她一直都還是職業婦女。她在一家亞洲知名的電線電纜集團服務，因為財務能力強，28 歲就被派去香港，之後又飛去深圳協助在地工廠營運。

她雖是一個年輕女子，但已經統領近百人的工廠，職位與臺灣總裁的親戚同為經理。四十幾歲後，她更與人合夥創業，在大陸擁有自己的成衣工廠。

在那段歲月，曾經遇過各種危機，也磨練了嘉容領導管理的能力。讓她印象深刻的幾件事有：

成衣的生意，從接單打樣到出貨大約需要半年。這是個傳統勞力密集的事業，非常仰賴員工的盡職與下游廠商的配合。

曾經碰過即將出貨的前一週，發現有一批重要的料件不見了。少了配件就不能出貨，而因為時間緊迫，要重新訂料也來不及了。

嘉容知道工廠的員工都睜大眼等著看笑話，於是貼出一張公告：「警告偷料的人明日前主動把料放回原位，公司將不予追究，否則造成損失將扣全工廠員工的薪水。」公告一出，隔天一早，果然那些料件已被偷偷放回廠房。

嘉容知道，其他員工本來只想做壁上觀，然而一旦牽涉到自己的利益，那個偷料的人瞬間就成了公敵，不得不把料歸還。

在中國，有時候當老闆或幹部的人，若沒有本事，是很容易被員工欺負到頭上的。

還有一回，公司要出一張訂單，幾週前就已經催促下游廠商趕快趕工出貨。

　　但得到的回應，總是：「快了，快了。」後來實在等不及要被罰款了，嘉容和工廠幹部親自去那家下游廠商看，才發現，對方根本連做都還沒開始做。

　　原本這是家小工廠，是嘉容的公司把他培養到大廠規模的；孰知這家工廠翅膀長硬了，反倒先去接其他客戶的訂單，而把嘉容公司的訂排在後面。心態上就是嘉容的公司好欺負，反正自己人跑不掉，先接新訂單再說。

　　當下，嘉容雖然生氣，也指責了對方。但她也知道陷入情緒化無濟於事，於是當天就把自己委託的單撤回，緊急再去尋覓其他廠商；當然，價格不免要提高許多。最終這批訂單完全賺不到錢，但至少達成任務將客戶委託的訂單完成。

　　有一年鴻海集團大陸廠，掀起一股跳樓潮，一年內有多人跳樓。這件事影響很大，不僅僅是鴻海集團本身的營運，也牽連到所有的臺商公司，鴻海大漲薪資，大陸工廠員工紛紛興起逼投資者大漲工資。就在事件發生沒多久，正在某批貨緊急出貨的關鍵時期，全體員工竟然集體罷工。

　　嘉容的處置方式，只能冷靜以對。先找到罷工的頭頭，動之以情，說之以理；最終不免還是要幫大家調薪，不論如何，後來那批訂單終於成功出貨了。

　　勞資環境越趨困難，這也讓嘉容後來逐漸縮減大陸業務，後來

轉戰回臺灣經營其他事業。

類似這樣的風波經常都有，不論是身為公司派駐幹部，或者後來擔任老闆，嘉容所要承擔的壓力都非常的大。每個月的發薪日，在廠商貨款尚未進來前，嘉容總是焦慮到難以入眠。但關關難過關關過，二十年下來，走過這些風風雨雨，回首過往，她知道，每當她處在壓力最大的時候，內心總是有股力量支持著她不要放棄，不要被打倒，再苦也要撐過來。

與其說是上天給她助力，不如說嘉容自己的韌性以及對未來的期許撐著她一路挺過難關，創造好的營業佳績。所謂天助自助者，嘉容正是寫照。

♫ 人才管理與財務管理是企業兩大罩門

管理是一門學問，初始擔任主管，以為是一種成就；後來就會發現，當主管代表的是更大的承擔，如果總抱持著上對下的態度，是無法和員工建立良好互動關係的。

在工作上，嘉容總是先做到付出，若是經營上碰到難關，就當作是上天給她的學習機會。

嘉容認為，經營企業，最大的困難有兩個，第一個是如何管理好員工，第二是如何管理金流。

這二十年來的實務經驗，正好就像是上了一所社會大學，讓她累積了深厚的經驗；後來回臺灣，也創立了培訓事業，主題正是教導企業主如何做好金融管理，同時也分享人事管理的精神。

二十多年來的經驗，嘉容深知，管理員工，單靠權威是沒有用的。特別是勞力密集產業，員工也知道自己是公司重要的資產，沒了員工，生產線就不能運轉。所以與其採取勞資對立的方式，不如把大家都當作夥伴，用心溝通。總之，帶人要帶心，嘉容在管理公司時，每個月總會找一天招待員工們去吃飯，和大家打成一遍，日後交辦任務，員工也比較順服。

　　而擔任主管的人，本身一定要持續精進，如果哪方面能力弱了，很容易被員工瞧不起；一旦被瞧不起，帶人就難了。因此二十年來，嘉容也是持續進修，不敢懈怠。

　　若自我評估自己的管理風格，嘉容認為自己不是立威型的，她總是先求圓滿，再求成功。任務，是一定要達成的，但過程盡量平順，如果一而再再而三的只能靠命令靠威脅才能推動員工，公司運作無法長久，總要讓員工心服口服，事情才好推動。所以嘉容追求圓滿，重視溝通，設計一系列的激勵、獎勵、表揚方法，員工能成長，企業也成長了。員工們也是人，沒有人是天生要來和公司對立的，否則當初就不要進來這家公司，一定有什麼不滿有什麼誤會，那就靠溝通。人圓了，事也就圓了。

　　另一個公司管理上經常出問題的地方，就是金流。嘉容看過許多的公司，明明本身經營實力不錯，只因為一時資金周轉不靈就此倒閉，實在很可惜。

　　曾經，嘉容自己就挽救過一家瀕臨倒閉的企業。

　　當時那家企業生產的保健食品，經過消費者使用後，口碑不

錯，也造成銷售熱潮，這家企業營業額不斷成長；但財務端似乎缺少人才，直到她們邀請嘉容過去協助財會部分，才到這家企業不到一個月，公司竟然薪水都發不出來，已經瀕臨破產。

原因是這家企業在日本設廠，供應基本原料，不幸碰上 311 地震導致的核災風波，客戶怕供應的原料無法出貨，預購的貨品一時瘋狂擠兌，一下子公司整個陷入危機。

此時嘉容的介入，成為這家企業的救命稻草。憑著嘉容的財務專業，她受朋友所託，義不容辭的向一家家銀行想法辦貸款。雖然靠著嘉容過往的人脈，得以提案給好幾家銀行，無奈提案被一家家否決了。

到後來只剩一家銀行要談，帶著背水一戰的心境，嘉容和公司團隊準備了一份企畫案，內容強調未來的願景。初始，提案還是被該銀行的總行否決，經過嘉容不屈不撓的周旋，最終得以取得大額貸款。

嘉容提出來說服銀行端的三大理由：

第一、企業拓展新的戰區－新加坡，增加營業額，新加坡人有財力也願意花錢買對身體健康的產品。事實已經證明這公司的產品是好的，相信新加坡的這家據點很快就能獲得盈利，讓企業轉虧為盈。為此，嘉容也準備了充分的數據，用她的專業條理分明的列出預計獲利計畫書。

第二、這家公司已經有好的財務人才進駐，未來財務規畫保證沒問題。

這個人才指的當然就是嘉容,此時,嘉容多年在財務工作上累積的實力獲得了認可。加上她也願意簽上同意書,保證協助這家公司成長,因此這家企業有了財務上的能力保證。

　　第三、嘉容直接拿產品請銀行的全體員工試吃,上自經理下至員工,反應都很不錯,既然她們都可以親自證明這個產品好,那麼對產品的未來就該有信心。

　　就這樣,嘉容為這家企業爭取到寶貴的貸款,以及度過難關的時間。後續果然如嘉容所料,新加坡據點的盈利很好,甚至是出乎意料的好。

　　當這家企業最後確定步上軌道,財務自立後,嘉容才功成身退,在全體員工的感激聲中,她要繼續去圓自己的夢。當時嘉容已經積極參與獅子會活動,擔任會長及臺北市信義區救國團會長,因為這和她的人生願望有密切關係。

♫ 讓夢想的種子繼續發散

　　從小到大的心願,嘉容不曾或忘。

　　因為年輕時代創業打拚,就是為了想賺更多錢並且幫助更多人;後來她加入了各種社團,主要原因,就是發現,與其用一己之力助人,不如參與團體,那樣她可以影響更多的人,因此嘉容積極參與獅子會與救國團社會服務活動。

　　當會友鼓勵她擔任會長時,嘉容當然是婉拒的。但隨著大家不

斷勸進，後來嘉容自己想想，人生中難得有這樣的機會，可以領導一群企業家，共同來為做善事盡心。

如果是為一己的事，她可以婉拒；但如今是為了公益的事，她是不是該勇於承擔呢？

也就是因為如此，嘉容決定將生活主力放在社會服務上，因此她在輔佐那家健康食品公司度過難關後，才會毅然決然選擇功成身退，投身會長職務。

回顧自己過往的人生，從小女孩時代，心中為孤兒不捨。到後來自己有經濟自主能力後，三十年來不間斷捐助孤兒及弱勢兒童。現在則是有能力主辦大型活動，要捐錢不只自己捐，要號召大家捐，要去孤兒院、養老院服務，不是自己一個人去，而是鼓勵大家一起共襄盛舉。

這些年來，嘉容覺得自己人生過得很快樂，談起她的志工事業，她可以三天三夜講不完。

她談起她如何帶一群救國團義工去掃馬路，看著這群老闆們，願意放下身段，不計報酬的掃街，她內心充滿感動。

她捐尿布給養老院，關懷他們，帶溫暖給年老的長者。

她去臺東偏鄉，那兒成人們都去外地工作，只留下老人和小孩相依為命。嘉容和當地的教會合作，成立孩童輔導班，並且也與北科大合作，鼓舞年輕學生寒暑假去辦夏令營，教導偏鄉孩子電腦與數學及舞蹈。

她也透過救國團活動，和年輕志工分享她的理念，鼓勵他們將

來都可以用一己的力量。幫助更多人。

當談起過往企業的經歷，嘉容可以幾句話帶過，但談起這些志工服務的經歷，嘉容整個眼睛都亮了起來。

她說，助人是一生的志業。現在的她雖然年過五十，但她自認還很年輕，還可以做很多事，她要持續鞭策自己，當初設定的目標要成立孤兒院，這一心願尚未實現。她要再接再厲，邊賺錢邊朝目標邁進。

如果自己暫時做不到，至少也要把愛心的種子發散出去，這許多的年輕人中終究有人可以成為真正大企業家，設立孤兒院吧！

嘉容衷心期許著，當她這樣說話的時候，聲音變得溫柔，這世界也變得美善起來。

♪ 嘉容的築夢箴言

人生路上一路走來，誰沒有跌倒過，我們可以看看身邊的人，有的人把跌倒變成一輩子的叨念，或者變成無法成功的藉口。我們絕不要成為這樣的人，要相信，跌倒只是學習磨練的過程，最終會讓你更茁壯。

夢想的格局多大，你的力量就有多大。

不要只想著自己想要擁有什麼，要存多少錢。

要想著自己可以成就什麼，幫助多少的人。

有這樣的志氣，就算碰到風雨來襲，上天也會助你一臂之力。

讓心中有愛，你就永不孤單。

再忙也要讓自己的生活，有時間去愛人。

就算不投入公益活動，也不要忘了愛身邊的人。

有多久沒和自己的父母問安了，請不要忘記散發真心的愛。

凡事先求圓融，再求圓滿。

遇到困難時找出源頭，解決源頭才能圓滿。

終身學習，讓自己永遠年輕。

找到趨勢，找到好的老師學習新知。

跟隨時代的腳步，熱愛人生。

贏在學習，勝在改變。

崔嘉容

學歷：

- 臺北商專國貿科
- 文化大學企管系
- 淡江大學財經所

經歷：

- 財務經理二十多年
- 聯僑化學公司財務主任
- 僑聯有限公司財務經理
- 常景生技公司財務經理
- 峻福國際管理公司負責人
- 2013 － 2014 年 A1 區獅子會會長
- 2014 － 2015 年 A1 區捐血宣導委員會主席
- 2014 － 2015 年 RLLI 地方領導暨講師
- 2014 － 2015 年 RFDI 認證講師
- 2015 － 2016 年 A1 區塑造青少年委員會主席
- 2016 － 2017 年 A1 區反毒委員會主席
- 2017 － 2018 年 A1 區講師團副團長 GLT 副協調長
- 2012 － 2013 年臺北市信義區救國團團委副會長
- 2014 － 2015 年臺北市信義區救國團團委會會長

- 2015 － 2016 年世界華人婦女會華星分會理事
- 2011 － 2012 年臺灣高階管理全球經貿協會理事
- 2017 － 2019 年中華久久長長聯合促進會理事

專長：

- 2014 年開設資本課三年，上過資本課程的企業家有三百多位，走向 IPO 企業有十多家，對企業整頓、商業模式設計、財務規畫有多年經驗，能幫助企業走向上櫃上市，目前協助新加坡餐廳及臺灣某企業走向 IPO。
- 業餘姓名學老師十五年，曾於信義區救國團教授課程，算過一千九百多人，幫助學員更了解自己，走出困惑。
- DISC 性格分課程設計師：幫助業務員更了解自己和客戶屬性，增加談判技巧；幫助父母更了解小孩，增進親子關係。

不只是 No1 音樂人，也是全方位成功者

許芷芸

大學時代，

男友的母親批評我：「除了會音樂，其他什麼都不會。」

於是我告訴自己，

一定要成為什麼都會的人；

並且不學則已，

只要我參與的項目，

統統都要是頂尖的成績。

　　她的氣質優雅，眼神充滿著智慧，融合企業家的職場專業感以及藝術家的瀟灑。她是一位頂尖的音樂人，但現在的她更是事業有成，資產上億的成功典範。

　　她是許芷芸，一路從音樂的世界走來，如何過渡到成為一個企業領導人。有著一段自我省思及追求卓越的心路歷程。

♪ 艱苦的音樂學習之路

　　人家說，學音樂的孩子不會變壞；但，沒有說的是，學音樂的孩子很辛苦。

有人說，任何專業的學習都很辛苦；只不過，若這樣的辛苦，是從小學一、二年級就開始，並且可能要持續一生，真的就是所謂一生懸命這樣格局的事。

那種辛苦不單是指技藝上操練，經常需犧牲睡眠的身體勞苦；還有心理上，無時無刻擔心被淘汰的壓力。戰戰兢兢，夙夜匪懈，芷芸從小學生年紀就歷經這樣的磨練。

學習必須自願，芷芸從小接觸音樂，自然是有著原本就愛好藝術的底子。她先是學跳舞，之後才轉到音樂的領域。小時候對音樂的感覺，單純就是喜歡那些聲音，那時的芷芸就已經是個愛幻想的公主；但若論起深度的音樂意涵，才那麼小的孩子，當然還不懂。也因此，如同任何學音樂的小朋友般，芷芸只是以模仿的方式學音樂。也就是說，老師怎麼彈奏，你就跟著彈就對了，任何技藝本都是如此，模仿是奠基的開始。

但到了國中時期，壓力就大了。這年紀，說是小朋友，已經沒那麼小了，但要說是大人也還太早。同齡的孩子，有的較早熟，有的仍很童稚；然而對音樂學生來說，上了國中就必須要有所突破。

人家說徬徨少年時，芷芸也曾經歷這樣的時期。那時候，她也開始在困惑著，學音樂的「未來」是什麼？每天彈奏的音符，有什麼更深遠的意義？同時，她要面對的是龐大的競爭壓力；因為國中時她念的是音樂班。

小學時，她總是班上第一名；但到了國中，所謂音樂班就是各校的菁英匯聚，此時她要再拿第一名要多花二十倍的努力。最終，

芷芸通過了挑戰，再次成為班上前三名，也就是在那種環境下，她培養了一生面對競爭壓力的抗壓性。

那種心理壓力，更早前就有了。芷芸坦言，她是個沒有童年的孩子，小一、小二時，還有時間跟鄰居去玩躲貓貓，到了小三，她就沒空去和其他小朋友玩了。她還記得當年內心的惆悵，鄰居的小朋友敲著家中的門要找她，但為了練琴，爸媽只能請那些孩子不要再來了。然後就是競爭、競爭、競爭，音樂班的孩子不只音樂好，通常也是其他項目都十項全能，正所謂資優班。

國小努力到成績頂尖，到了國中，除了音樂外，白天還是有重重的課業，以及升學壓力；國英理數等都不能鬆懈，但再忙還是必須練琴，可想而知，一天二十四小時哪夠用，於是少女時代芷芸就是一天沒睡幾小時的爆肝女孩。

然而，競爭無了時。當升上高中，競爭壓力倍增。這回，可是來自不同學校的資優班中的資優生齊聚一堂，要念出頂尖成績，打拚程度又得加倍。但所謂音樂成績，可不像是賽跑，誰跑最快就第一名；音樂，比的不只是技巧，更重要的是看內涵。

若只會照本宣科，把一首曲子彈很好，可能成績是墊底的；必須要把一首曲子「詮釋」的很好，才能脫穎而出。但什麼叫做「詮釋」呢？那就是芷芸內心的困惑；畢竟，她還是十幾歲的女孩，也沒什麼人生歷練，哪有做為詮釋的生命底蘊呢？

但無論如何，年輕的芷芸就必須從音樂練習中，找出深度來。她主修的是鋼琴和雙簧管，兩種不同的樂器，兩種內心的思維。因

此，比起同年紀的孩子，她有著更多的內心省思，這也是她培養一
生的內省習慣之根源。

♫ 追求技藝，也追求內心境界

每當碰到轉型，她就要經歷很大的競爭壓力及挑戰，這回她甚
至被全盤推翻。在高中音樂班，來自國外的音樂大師，竟然說芷芸
的「基本功全錯了」，這是多大的震撼；從小到大學了超過十年的
音樂，如果說「全錯了」，芷芸有種往事不堪回首的絕對茫然。

無論如何，芷芸還是從這樣的震撼教育中走了出來，她磨練了
自己內心的境界。她記得高中時候，很喜歡在夕陽西下時，一個人
坐在廊沿，看著天上的夕陽，由白、轉橘、變紅，最終沉入黑夜，
那時她的心有種超然的寧靜，同時又感觸萬千。

所謂靈感就是那樣，她內心有著一個充滿感動的世界。稍後，
她發行過一張名為《NaNa》的唱片，就中有一首歌叫做「天空的
顏色」，就是在講這樣的感覺。

專輯中有些歌曲，則呈現出她過往以來學音樂的心路歷程，包
含辛酸血淚史，也包含甜美的回憶。此時，音樂不再只是制式的音
符呈現，而是真正有生命的，若用心聆聽，就可以聽到內裡的徬徨
困惑，以及從迷惘中走出一條路的艱辛與成長。

身為音樂人，就要面對一關又一關的挑戰。考試是兵家常事，
那時芷芸為了讓自己功力練到極致，每天一定有很長的時間，刻意
讓自己在不舒適的環境，仍能彈出美好的音符。例如在盛夏時，不

開冷氣，在悶熱的環境中彈奏。畢竟誰知道真正考試時，考場會不會有冷氣。要學著讓自己在不同環境下，音樂技能也不受影響。

除了適應環境的自我磨練，芷芸還自我要求做體能訓練。她在音樂考試前就設立目標，每天跑操場；一開始是一天跑一圈，之後隨著自己狀況調整後，逐步提升挑戰。一圈兩圈到五圈，最後到她參加音樂考試前，已經可以一天跑十五圈。

就這樣，因為自己不斷的自我磨練，芷芸參加全國高中音樂比賽，得到全國第四名；就在這個時刻，她表示，她真正感受到「音樂就是她的生命」。

從前，她對自己非常沒自信，也對未來感到茫然，只能不斷練習。而今，透過考試，她終於知道自己是有實力的，她確認自己已是全國音樂學子中的頂尖好手。有了這樣的信心，讓芷芸更加努力衝刺。

大學分發到輔仁音樂系，音樂系的名額很少，一個學校可能一年只招收一個樂器，甚至有可能當年度一個名額都沒有。芷芸以雙簧管的專業，分配到輔仁，已是該校的第一好手。

此後透過專業老師的培育，芷芸的境界更上一層樓。未滿 20 歲的年紀，芷芸已經開始工作了；才大二，她就已經接受徵召，開始擔任音樂老師，在不同學校授課。

身為過來人，芷芸對學生的心境非常能體會，這也融入她的教學方式裡。她覺得在一個孩子徬徨無助時，老師和家長要給學生信心，不然孩子學習會很痛苦。她自己算很慶幸，少年時代透過自我

摸索，已經能夠覺察心靈層面的世界，不像很多年輕人就算上了大學，內心還是空虛的。

她經常發現，和人溝通時，對方根本不懂自己要什麼；就算到了現在，芷芸有機會跟 20 歲上下的年輕人聊天，常感嘆他們內心空洞，思緒還存在表面的思維，關心的是怎麼把妹，或者去哪家餐廳吃飯，沒有更深度的自我思慮系統，不懂什麼是內在生活。

♫ 最年輕的大學講師

芷芸在大學時，就已經不只是個學生，而是可以公開演出的專業音樂人。她記得大二時，有一個知名的國外演奏家，在國家音樂廳演奏德弗札克第二號鋼琴協奏曲，那首歌是著名的要用雙簧管獨奏最多的歌曲。

兩個樂器對話，就像兩人不斷對話，芷芸就是那個雙簧管手，有著吃重的角色，她成功詮釋一種音樂版的談情說愛。在那樣的演出裡，也真正呈現了，所謂音樂不只是音符的跳動，而是情感上的對接。一個內心沒有感情的人，是無法展現出音樂上的感動。

這樣的道理，也可延伸到各個領域。就好比對不懂音樂的人來說，音樂不過就是五線譜上的一個個豆芽菜。但懂音樂的人，卻可以隨著音樂飛翔到天際，也可以遨遊深谷。在其他領域，不論是經營事業，投資理財、發展科學，一個只懂表象世界的人，永遠不會成為好手，關鍵就在於內心的體悟。

大二時，芷芸就已是音樂老師；但在那之前，其實高中時代她

就已經在培養自己為人師表的技能。透過觀摩，芷芸甚至高中還沒畢業就已經在練習這件事。那時她還是高三，已經確定甄試上，在沒有課業壓力下，她去觀摩學習如何當老師，包括裝扮談吐坐姿坐相，她都要學。

畢竟一個外表就是高中生的女孩，教書如何讓人信服，所以她開始去改變造型，到了大二時，她就真的可以去執教了。那年代，一般大學生打工，時薪約五、六十元，最多不超過 70 元。但芷芸以大二年紀出來教書，一開始時薪就高達 600 元，之後還調升到 700 元，到後來時薪已達千元。

這讓芷芸還只是大學生時，月入就已經有 10 萬元。也就是在那時，她開始關注理財的領域，她透過學習，開始買股票買基金，在大學時代，她就已經擁有第一棟房子。

大三的時候，她當時的男朋友是個企業家小開。他的母親對芷芸這個非名門出身的人很有意見，竟對兒子說：「這個女孩子有什麼好？她除了音樂，什麼什麼都不會。」

這件事帶給當時的芷芸很大的刺激，她當下告訴自己：「我要讓自己什麼都會。」

於是芷芸更是全方面衝刺，把自己的能力發揮到極致。如同前述，她不只會音樂，也在理財領域有一定的成績。畢業後，她的學業成績已經獲得諸多學校青睞，包含美國研究所也願意提供獎學金讓她去深造。

但當年的芷芸，決心要在臺灣拚出一番成績給人看，她選擇

念的是東海大學音樂系，同時間也持續學習其他領域。在拿到碩士前，她還短暫休學一段時間，刻意去美國念書取得演說家文憑，之後再回國完成碩士學業。此時的芷芸，可以說是國內頂尖的學者菁英了。

碩士學位拿到後，她開始正式去大學任教，她是當年全國最年輕的講師，先是在花蓮師院任教，後來也去南華大學教書。同時間身為專業音樂人，她也不定期在全國各大音樂場合作演奏。

當年的她，不含理財投資，光靠專業服務收入，已經月入 20 萬元。但也就是在那時候，她思考人生必須轉型，因為單靠音樂，她已經到了極限，犧牲太多東西了。

🎵 照顧好自己，才能追求成功

首先，她犧牲健康，再來她犧牲陪伴家人時間，總而言之，她犧牲了「自己」。

那時她每天清晨就要起床，大老遠開幾小時車去嘉義上課。一上完，下午又要趕回中壢上另一堂課。舟車勞頓之外，她還要外出演奏，甚至參與專輯製作。根本沒有自己的時間，並且這種情況不是周一到周五，而是周一到周日，根本就是全年無休。

芷芸就想著，她這樣每天操忙，賺到了每月 20 萬元，這值得嗎？並且展望未來，十年後的她，若仍保持這種模式，會有所突破嗎？搞不好身體早就操壞，躺在病床上了。同樣的時間，一個現在擔任企業基層員工的人，十年後可能已經升到部門的經理，甚至當

上總經理。但她十年後，依然只是個南北奔波的音樂老師。音樂技藝的成長也會有限。

經過這樣思考，芷芸決定對人生來個大大的轉型。她仍然學音樂，但音樂只是她眾多技能的其中一個。如今她已經取得碩士的高學歷了，音樂技能不會忘記，所以她選擇去培養其他技能。她真的到處去學習，有什麼工作有任何考驗，越難越好，她都要去嘗試。

對年輕人來說，什麼事最有挑戰？也許就是做業務吧！要推銷東西最有挑戰。於是年輕的音樂人，放下音樂家光環，選擇去挑戰業務；她曾去過保險公司，也從事過多層次傳銷。到後來，她投入最難的一門領域，也就是創業，二十幾歲，就已經自己經營企業，並且不只一家公司，到今天，她已有三家公司。

芷芸事業的領域，音樂教室當然是基本的，這是她的專長。她還開了美語教室，旗下還有安親班，之後又創立了經紀公司。她是臺灣在表演經紀領域，成績非常出色的企業家。從二十多歲到現在，經營十多年，芷芸因此擁有上億的資產實力，是女性企業家的典範。

回首過往，芷芸說，她從小在競爭的環境下長大，那時就已建立一個信念，要做就做最好的，否則現實很殘酷，不是最好，就會被淘汰。只不過當時只專注在學業以及音樂，到了大學時期，她把領域拓展到全方位後，便持續這樣的自我要求。

學音樂，她已是音樂界的頂尖；學金融理財，她不只是去上課就好，她真正取得合格的多項金融證照；房地產買賣，她也不是

業餘的，她有這方面的認證。就連一些生活領域，好比說瑜伽，她也是不只學學就好，就是一定也要取得證照。同理，每件事都要NO.1。

芷芸表示，人生就是這樣。當你取得週冠軍，那麼順理成章就很容易再拿月冠軍，乃至於年度冠軍。不可能過程中你都沒什麼成績，就忽然變成年度總冠軍。因此，她很習慣，每天都有每天的目標，每週有每週的目標，每月有每月的目標。至於年度目標就更不用說了。

但目標不會變嗎？錯，完全相反。芷芸表示，她的目標經常在變，她的夢想也常常轉換；因為大環境在變，人的格局也在變。你怎麼可能設立一個目標，然後讓目標喧賓奪主，反倒把你綁住呢？好比說小學生的人生志向是當音樂老師，那麼到了國中不能換嗎？一定會換的。

對芷芸來說，目標及夢想可以調整，但重點是每次設定後都要全力以赴，她最感嘆的一件事是，現代人許多時候不只對目標沒能努力從事，甚至許多人連目標都沒有，都是人云亦云，或者過一天算一天。這是她希望自己若有能力，可以透過本身經驗或教學，來啟發大家的。

♫ 設定目標，築夢踏實

　　如今，芷芸已是三家企業的老闆，又是頂尖音樂碩士，資產也

是破億，她的人生目標達成了嗎？芷芸表示，她的終極人生目標，不是以財富衡量，也不是以任何比賽名次衡量。她的目標非常實際，就是要有時間陪家人。

當然，如今她也經常陪家人，但她的重點要達到完全的「生命自由」，要讓金錢不再成為生活中的煩惱。她給自己兩年的時間，要達到這樣的境界；如今的她，雖有事業，但每個事業仍要她親力親為，一旦她不在現場，就無法運作完美，若不完美，就不是理想的非工資收入。芷芸要的是，這一生源源不絕，她可以自由自在陪家人，又同時一生收入無虞的人生。

說到底，人生的終極夢想，不過就是這樣。再多的美食，人也只有一個胃，再漂亮的居所，人也只能躺一張床。但與家人陪伴的歲月是無價的。

芷芸說當目標確定，剩下就是數據；夢想是藍圖，是你看到未來生活樣子。

她可以看到自己的未來，就是陪伴全家人悠閒的喝下午茶，每天心境都很快樂。最大的資產，不是銀行存款，而是時間，時間是終極的寶藏。

現在的芷芸，努力追求 Auto-Run 的企業經營模式，她也很認真在學習網路行銷。她總是給自己一定的目標期限，例如網路行銷這件事，她規定自己兩個月學通。另外她要拓展自己其他的影響力，所以要去中國講課，在兩年目標達到完全財務自由前，她還有很多使命在進行中。她想讓自己成為女性事業經營的講師，她想和

女性分享「如何經營女性自我價值品牌」。

一個女子怎樣讓自己達到最美好的極致呢？芷芸本身就是最好的典範。她要創立自己的品牌，以「NANA」為名，成為一個專業平臺。

永遠創造價值，永遠追求 NO.1，芷芸一生築夢，也築夢踏實，她讓自己的人生，成為別人可以學習的範例。

🎺 芷芸的築夢箴言

這是個競爭的社會，你若得過且過，就等著被世界淘汰。永遠要為自己設定 NO.1 的目標，如此，最算最終沒達到，至少成績也不會太差。若一開始就不打算追求 NO.1，可能最終連存活都有困難。

不要侷限自己。不要讓別人以為你只會這一項，其他都不懂。

很多事，你不去嘗試怎麼知道會不會，我可以是音樂家，也可以是企業家，一點都不衝突，我每樣都可以做到最好。

用心最重要。如同音樂展現，要成為好的音樂家，絕不是只是技巧最好的音樂家，而必須是能夠感動人的音樂家。這適用在任何事。如果任何技能，你只想學技術，卻無法深入內裡，就永遠無法成為 Master。

人生就是不斷追求 NO.1，不要為自己設限。但追求的底線，就是不要犧牲自己，包括自己的健康，自己的休閒，自己的家人。如果這點沒做到，所有的追求都失去意義。

許芷芸 Nana

曾於 1986 年獲臺北縣音樂比賽雙簧管少年組第一名，1987 年隨秀山國小管弦樂團至美國參訪演出；1993 年隨中正高中管弦樂團至澳洲參訪演出，並於同年獲得臺北縣音樂比賽雙簧管青少年組第一名，之後進入輔仁大學音樂系就讀，擔任輔仁大學管弦樂團與管樂團之雙簧管首席，並隨團參與至國家音樂廳等多次的全國巡迴演出。

1998 年錄製白遼士《幻想交響曲》音樂專輯，1996 至 1998 年獲臺灣省音樂比賽雙簧管成人組第一名。1994 年考進幼獅管樂團，1995 年曾赴奧地利參加國際音樂營的活動，並參與演出，師事皮爾 • 懷特 (Pro. Feit) 教授。

2001 年參加「2001 年第六屆指揮研習營」，曾師事蔡興國、林麗玥、劉廷宏、仲村幸夫、雪倫柏格 (H. Schellenberger，柏林愛樂首席)、湯瑪士羅德 (Tomas Rohde，德國歌劇院雙簧管首席)、羅拉愛別克 (Laura Albeck，新英格蘭音樂院教授) 等教授；並於大學畢業後獲得美國新英格蘭音樂院及百克林音樂院獎學金，後進入東海大學音樂研究所就讀，主修雙簧管演奏，師事劉榮義教授。

在校期間曾參加育芝管弦樂團、古典管弦樂團、愚韻室內管弦樂團並擔任雙簧管首席，且與該樂團參與多次的演出；1998 年度參與名音樂家馬修 • 連恩之環保音樂會演出，擔任雙簧管首席；

1999 年及 2001 年間，曾隨幼獅管樂團赴韓國濟州參加國際音樂節及匈牙利的演出；1998 年至 2001 年間為風潮唱片錄製多張音樂專輯，包括《森林狂想曲》、《戀戀溫泉》、《故事》、《回憶》及《夜的精靈》等。

2000 年考進臺北市立交響樂團之儲備團員以及赴美擔任新英格蘭音樂院指揮課程中之雙簧管演奏者，2001 年與臺北縣教師管樂團協奏演出林姆斯基高沙可夫雙簧管協奏曲，同年另與臺北縣新莊市管樂團協奏演出林姆斯基高沙可夫及韋伯之雙簧管協奏曲，並多次應邀於電視臺「臺灣最美麗的聲音」中獨奏並接受專訪。

2002 年考進臺北市立交響樂團附設管樂團雙簧管首席，2001 年於東海大學取得音樂演奏碩士學位。目前擔任臺北市民交響樂團雙簧管首席，雅韻室內樂團團長及雅韻音樂學苑負責人，任教於多個音樂學校。

已於 2012 年 12 月中發行由「雅韻音樂」發行個人演奏專輯「Nana：愛 旅行」，粉絲專頁請搜尋「oboenana」。

築夢者心法

秉持良心教育下一代

黃俊傑

教育是百年大業，

但當教師本身都面臨失業壓力，

如何教育出有正確觀念的下一代呢？

有時候，文明的進展，

必須超脫利益的糾葛，

在內心的深處，

美善的力量，也是文明的推展動力。

教育的意義是什麼？在不同的時代，透過教育可以怎樣影響更多的人？

黃俊傑是一個國中物理教師，七年來他教導過許許多多的學生，也曾被好奇的學生們問過不同的問題。其實，學生們的問題還比較好回答，無非就是針對課本的問題解惑，或者一些孩子間彼此互動的事。

有時候成人的事反倒不好回答，例如參加同學會時，有老同學問，三角函數對一般人有什麼意義？去便利商店買東西需要用到三角函數嗎？

或者有的本身就是從事教職的人，問的問題更貼近生活，有的是教學很優秀的老師，但多年來因為甄試沒過，每年都還是用代課老師的名義教書，一年又一年，年年都抱著不安全感來教書。如果老師都無法照顧好自己，又如何幫學生們解惑？關於這些，俊傑經常也無言以對。

　　就連他自己也對生命有很多疑惑，另外還有金錢以及教育，身為一個老師，他要教導一個學生將來可以入社會賺大錢呢？還是只強調品德的重要？

　　無論如何，當老師是俊傑從小就有的理想，才 35 歲的他，人生路也還有很多需要思考以及成長的地方。

♫ 這世界上還是有伸出溫暖雙手的人

　　小時候俊傑是一個非常安靜的人，內向不太講話，那時候他身材胖胖的，同學們愛逗他，在校園內也經常被欺負。然而他不太會表達，回家後也不敢把學校裡發生的事和家人說。每天心中充滿著害怕。

　　家中的氣氛經常也不是太好。爸媽常會因金錢的事情吵架。俊傑是家中最小的孩子，媽媽年過四十才生下他，他出生時哥哥姊姊都已經成年去外面發展了，所以雖說有兄姊，但並不常互動。

　　爸爸是不愛說話的人，偶爾全家會一起出遊，去爬山或者看電影，但就算那樣的時候，家人大部分也都是安靜的。俊傑多少也受到這樣的影響，不愛說話，受到委屈也往肚子裡吞。

　　俊傑知道這世界應該有很好的人，例如他爸爸雖然話不多，但俊傑覺得爸爸是個做事認真的人，只是對於這個世界他還是感到陌生有距離，心中總是沒有安全感。

　　有一天，大約小學五六年級時候，家人在忙，媽媽要他去社區附近買便當；因為是住家附近，所以放心讓俊傑一個人出門。詳細原因俊傑早已忘記，但他記得很清楚的一件事是，當天買完便當，找了錢拿在手上，晚上風大，一不小心鈔票竟然飛走了。俊傑著急得不得了，趕快追去找，但最後還是少了 500 元。俊傑很害怕，不知道怎麼辦，就坐在地上哭了。

　　他知道終究不能一直待在那邊，於是抱著惶恐的心，邊哭邊往回家的路走。快到家的巷子口時，一輛車子經過突然剎車，慢慢倒車過來，停在俊傑旁邊。窗戶搖下來後，一個成年人問俊傑：「小朋友，你為什麼哭？」

　　於是俊傑抽抽噎噎回答他買便當找的錢飛掉了。那人問，你掉了多少錢？俊傑回答說 500 元。當下那人立刻抽出 500 元，從車窗上遞給俊傑，說聲不要哭了，接著車子就開走了。

　　那一刻對俊傑來說是很震撼的，他傻傻的站在原地一、兩分鐘。二十多年過去了，俊傑都還記得那天的感覺，但他已經完全不記得當給他錢的那人是男是女，只記得這世界，竟然有人願意在他發生困難時，無私的給他一張鈔票。

　　這件事讓俊傑對世界產生了信心，小小年紀的他，還不懂什麼人情世故，只知道從那天起，他就決定，將來他想當一個老師；因

為在他的認知裡，老師像是會幫助人的人，而幫助人的感覺很好，就好像他當時拿到鈔票的感覺。

然而，直到念高中時代，俊傑都還是個內向不會講話，甚至曾被小流氓毆打也不敢吭聲的人。這樣的人說要當老師，身邊的人都不贊成。

但對俊傑來說，這個信念卻從來不曾動搖，只是隨著年紀增長，他有了更多的人生體悟，幫助人的核心不變，但對教學這件事有了更多思慮。

🎵 孩子需要成人關心

後來加深俊傑想要當老師信念的還有一件事；或者說，是一個長期現象，那就是他自己長期的遭遇。

俊傑覺得自己在學校，不論是遇到不如意的事，或者課業上有問題，老師都很少關心他。主因在於俊傑實在是太安靜了，他功課不算特別好，但也不是頑皮的學生，總之，他不是會吸引老師焦點的人。

俊傑常想，如果當時有老師更關心他的話，現在的他會不會有不同的可能呢？當然，如今已經是老師的他，生活也過得不錯。只不過學物理的他，原本就喜歡思考事情，甚至有時候比較鑽牛角尖，想些人生的意義是什麼等問題。

小時候，他也曾問過爸爸，人生的意義是什麼，他記得爸爸的回答是：「生命的意義，在創造宇宙繼起的生命。生活的目的，在

增進人類全體的生活。」

小小年紀的他還不知道那是誰說的話，但他的印象裡有個模糊的概念，就是生命跟「整體人類」有關，也就是說生命不是單一個人的事。

另一個和當老師有關的經驗，從小俊傑就很喜歡小動物，曾經有一次，乖巧的俊傑主動跑去找爸爸要錢，這讓爸爸感到很訝異，一問之下，才知道俊傑看到對面有隻小狗受傷了，他希望拿錢去買藥幫小狗治療。

在內心裡，俊傑希望自己可以做到當他年紀小的時候，成人沒有做到的事，如果他是個老師，就可以照顧很多弱勢的人。的確，學生在他心中是代表需要照顧的人，緣由於自己學生時期渴望被老師照顧的心境。

後來俊傑終於如願當上老師了，他也真的花很多心思去留意班上有沒有誰比被忽略了。例如印象中，有個學生功課不算好，有時候言行舉止比較怪異，會被班上同學排擠，於是俊傑便多花一些時間去了解他，那孩子初始對老師也感到排斥，但後來感受到老師的溫暖，曾經在他畢業的時候，親切的擁抱俊傑，讓俊傑很感動。

最近還收到那孩子寄來的卡片，他有著口技的天分，可以透過口腔表演出各種不同的聲音，還有去街頭表演。俊傑很高興這孩子還記得他，跟他保持聯絡。

至今，俊傑都深深相信，老師會是影響一個人很深的人。

或許只要一個小小的關懷，就能讓孩子充滿希望。

俊傑自己從前是口才很不好的人，現在因為擔任老師，已經可以很流利的在課堂上教學。孩子是被動的，但成人可以主動，他希望身為成年人，不論是父母或者師長，只要有機會就要向孩子傳達愛，跟孩子傳達人間的溫暖。

　　在他們成長的時候，播下愛的種子，可能將來社會就可以少了許多社會事件。

🎵 良心最重要

　　人們常說童話世界與成人世界，這兩個世界是不同的，甚至是對立的。

　　例如童話世界總是美好，王子與公主總是過著幸福快樂的日子；但在現實生活裡，真相總是不那麼完美，甚至是很殘酷的。

　　然而兒童總會長大成人，總會由童話世界走向成人世界，要如何面對比較殘酷的世界呢？

　　俊傑認為，在心中要建立一個長久的信念；從少年時代就要打下一個認知基礎，即便世界再怎麼充滿險峻挑戰，永遠不要忘了心中保持著一個美善的心。

　　這世界上，若說有誰是俊傑最尊敬的導師，那個人無疑就是他爸爸了。

　　爸爸經營一家建設公司，這公司歷史已經很悠久了，爸爸是從一畢業就開始就投入建設事業；他的作品很多，包括臺北市著名的地標之一，國父紀念館，爸爸也有參與某部分的工程，其他還有橋

梁、紀念碑等公共建物，更多的是大樓。

對於爸爸的認識，是年紀較長後逐漸了解的。但從小，俊傑就隱隱知道一些事。

當時他就知道，外表可能和內裡是不一致的。

以他自己的家來說，爸爸和媽媽為何常吵架，幾乎每次都是為了金錢的因素。爸爸經營這家建設公司，表面上看來似乎經濟很不錯，但實際上獲利其實很少，並且經常有資金周轉問題。就算只是孩子，俊傑都可以感受到當要調頭寸時，家中的緊張氣氛。

但最讓俊傑佩服，也是影響他很深的就是即便有經濟壓力，爸爸仍堅持各種施工一定要做到最佳品質。小時候俊傑常跟著爸爸跑工地，因此有機會聽到爸爸和其他人的談話；或許他們以為俊傑還小，不懂大人的事，但俊傑其實有留意到，每當提到施工，例如是否要買次級一點的工料，爸爸的反應絕對是拒絕。

到他稍微大些的時候，爸爸雖沉默寡言，但偶爾和俊傑分享的智慧卻讓他一生受用。

他清楚記得爸爸說過的一句話，這句話也讓俊傑奉為終身圭臬。爸爸說：「做事情最終的評判標準是什麼？我認為，只要是對得起自己良心的，願意用良心把事情做到最好。這就是標準。」

曾經，大約在中學的時候，俊傑無意間聽到爸媽的對話，那時候要承接工程，面對的是某個發包單位，媽媽輕輕的說：「某某某公司都經常請那位課長吃飯，好像也有塞紅包，我們是不是也該對課長有所表示？」

爸爸斷然否決這項建議，他說：「我的工程光明正大，並且保證有最好的施工品質，不需要塞錢討好誰。」俊傑不知道後來爸爸的工程是否有受到刁難，或者家裡經常有資金周轉問題，是否和這樣的事有關。但在心底，俊傑卻為有這樣的父親而感到驕傲。

　　雖然不是很懂工程，但俊傑多多少少知道，爸爸在做工程時，懂得引進一些新的技術，他願意不惜成本，把好東西用在建設上。曾經也在工地上，看著爸爸教育工人，會舉附近某個建屋做例子：某某房子，外表看起來漂漂亮亮的，但內裡其實有偷工減料之嫌，不發生事情則已，若發生較大的地震，或者房屋時間久了，可能就有安全疑慮。爸爸對那些工人自豪的說，若是他們自己蓋的東西，保證可以用很久。這點他對得起自己的良心。

　　至今，俊傑的金錢觀也受到爸爸影響。錢在他的觀念裡，不是第一順位，用良心做好事情才是最重要。如果為了賺錢卻要做有違良心的事，俊傑是斷然不做的。

♫ 至少，你要懂得參與

　　記得有一次，俊傑因為鬧鐘忘了設定，早上晚起了。那天本來是假日，但學校有運動會，俊傑本就不是運動健將，也沒參與任何比賽。他想要裝病不去學校。

　　但爸爸卻堅持要載他去學校，俊傑心中很不樂意。他生性內向，而學校老師很兇，他實在不想去面對那樣子的老師。

　　可是爸爸堅持他一定要去，他告訴俊傑：「不管怎麼說，我們

要做到參與，不管結果如何，參與就是收穫。」

這對俊傑影響也很深，往後他當老師，也常和學生傳達這樣的觀念。例如參加比賽，也許對手太強了，我們註定無法取勝，但我們仍要全力以赴，因為我們參與了，就對得起自己。

包括當年俊傑考取教師，他原本的口才不佳，後來經過磨練也不算很流利；但若要通過教師甄試，就必須經過口試這關。俊傑的態度就是，從在校時就已經開始準備，他把這件事當成一定要完成的任務，再怎麼不容易也要去完成。他後來甄試通過，現在是正式的物理老師。

同時間，臺灣仍有數萬名流浪教師。相對來說，爸爸給俊傑的鼓舞，幫他很大。

如果當時只是爸爸的訓話，可能還不會影響俊傑這麼大，但俊傑眼中的爸爸是說到也做到。看到他爸爸在工作上很認真，就算碰到各種困難，如資金周轉問題等等，他還是對承接的工程非常用心。

甚至爸爸都已經六、七十歲了，仍很認真的每天在學習，看書學電腦，或了解最新的建築趨勢。每當看著爸爸戴著老花眼鏡，專心的看著報章雜誌，俊傑就感到非常敬佩，也願意把爸爸的那份認真，應用在自己的工作之上。

當然，俊傑也曾困惑，若理想與現實衝突該怎麼辦？最明顯的例子，就是自己的家裡。爸爸媽媽常為錢的事吵架，媽媽有一陣子外出賺錢想分擔家計。她去西門町開了一家餐廳，俊傑也去過幾

次。老實說，那家餐廳的生意算是不錯的，因為媽媽和爸爸一樣，也是做事認真，做出來的菜色，客戶都讚不絕口。

但俊傑也在媽媽身上看到和爸爸一樣的情形，努力付出，回報卻很少。媽媽每天忙到半夜，餐廳生意雖好，扣掉種種成本，其實沒賺多少錢。印象中，餐廳並沒有經營很久，後來媽媽的身體受不了，只好結束營業。

然而，至少俊傑很確定的，不論是否經濟有壓力，爸爸和媽媽做事情是問心無愧的。

日後俊傑在教導孩子的時候，也會鼓勵孩子，例如有的學生申論題最後解答錯了，但看得出過程曾經過一番努力，俊傑就會稱讚那個學生：「雖然對這題還是不太了解，但你至少做到努力嘗試去解答。光這點精神，老師就要好好稱讚你。」

相信這種「努力付出，至少要對得起自己」的精神，對孩子的成長。會有很大的啟發。

♫ 珍貴的是在過程

在教育的過程，俊傑經常要面對的問題是，什麼是真的？

如果學校課本教的是禮義廉恥，但實際上社會每天都是打打殺殺、虛偽詐欺，學生該認識怎樣的世界？

或者如同俊傑的老同學問的，我們學三角函數有什麼意義呢？除非我們是擔任專業領域的技師或科學家，否則大部分人不需要懂這個吧？

　　俊傑不是數學老師，但理化方面也有同樣的問題，為何要背那些公式和定理？對大部分人來說，那些學問是一輩子很少用的。

　　曾經，俊傑不知道如何回答這些問題；但如果再碰到那位老同學，俊傑會跟他說：「重要的是過程，而不是結果。」

　　為何要學公式定理？其實，重要的是追求智慧的過程。

　　任何事物都一樣，可能存在著一個已知的事物，然後我們心中有個假設，憑著已知事物結合假設，就能推導出某種結果，這就是文明發展的過程。

　　文明就是這樣一步一步，先從已經知道的小部分，逐漸拓展到知道的領域。曾經有人認為，物理的發展已經到了盡頭，因為再沒什麼新事物好發現的，但事實證明，人類仍持續發現新東西；包括宇宙觀，包括微量子觀，知識的世界真是浩瀚無垠。

　　而我們教導學生的，就是這種發現的精神，就是這種「邏輯的導引」。

　　現在，俊傑在考試完的時候，不會只有批改分數而已。他會希望學生真正了解對與錯的原因，他經常安排自由討論時間，讓孩子去討論推導出，一個定理是怎麼證明出來的。

　　也許多年以後，學生長大了，已經忘記某個公式，但當年訓練他們思考的方法卻會留在腦海裡，這樣的能力讓他們可以做好生活中的種種判斷。

　　包括有的選擇題，學生可能是用猜的矇對答案。即便如此，也有一定的邏輯，為什麼有四個選項，你覺得這個選樣比較可能呢？

這背後一定有個邏輯，因為這樣，所以用刪去法，一個一個畫掉不可能的選項，最後才選出那個答案。

俊傑希望孩子們，不要用背誦的方式去記某個題目，而是能夠真正了解其背後的意義。

俊傑自己也曾經是學生，他非常清楚，如果一件事是被迫的，強記的結果多年後就會忘記。但如果是讓學生自己思考出來的答案，過程就會讓學生永銘在心。

生命中很多的事都是這樣，重點是在過程，不一定要實際結果。也許我們一輩子都很少有機會用到三角函數，但當我們去思考什麼是三角函數的過程時，我們就已經得到珍貴的東西了。

曾經，在成長的過程中，有過不愉快。

曾經，他自卑內向，也對世界感到害怕

但俊傑在爸媽的正向精神指引下，建立了長遠的正確信念。他追求的夢想，是透過教育幫助更多的人。

也許，整個大環境會有許多改變，教育的方式也須不斷調整。

但俊傑相信，秉持著一個最終的精神，守著自己良心把事情做到最好，一定可以讓事情達到真善美。

俊傑的築夢箴言

這世界有很多價值觀，有的認為金錢至上，有的認為愛情至上。

但不論如何，我們做任何事，都要對自己的心負責。

良心，至上。

當現實與夢想衝突的時候，心中還是有一把尺。

當我們教育下一代的時候，要在他們心中種下善的種子，
這是人類文明發展的重要因子。

做任何事不一定都有好的報償，

但許多時候，付出不求回報，

當我們認真參與過，那就值得了。

轉念再起篇

揭開虛偽的面紗用真誠挑戰未來——黃其偉

生命就是一場自我的修練——葉芸伊

在挫折後的轉彎處看見新希望——郭育彤

走出陰影，在歷練中成長茁壯——吳家宇

築夢者心法

揭開虛偽的面紗用真誠挑戰未來

黃其偉

如果我希望別人稱讚我，

那麼我就做出真正讓別人稱讚我的事。

如果我希望人生成功，

那麼我就從現在開始

每分每秒投入可以讓我成功的事。

道理很簡單但很多人做不到，

因為許多人寧願自我欺騙而不想真誠看待自己。

踏出成功的第一步前請先做真正的自己

那樣的自己才有未來。

　　走過三十幾個年頭，總是覺得人生過得渾渾噩噩；曾經因為重度憂鬱去醫院看診，曾經做過不同的行業但就是一事無成，有時候走在路上都不知道自己正朝向何方。雖然也曾有師長及好朋友給予開導，也曾經好像聽懂了什麼，想要有一番作為，但到頭來還是如此茫然困頓。

　　那一天，黃其偉一個人走到路上，忘記是要去哪裡了，他只是一貫的低著頭鬱鬱寡歡。忽然迎面走來一個人，那個人不斷的在講

話，但其實他並沒有在講手機，只是自言自語。霎時間，其偉內心一記鐘響響得他茅塞頓開。

原來，其偉曾經也像那人一樣，陷入低谷最焦慮時就不停自言自語。身為過來人，他知道這時候的內心只想著別人的不好，只想著這世界如何不公平，總覺得憤恨不平。

他症狀好一些時，也知道那種自言自語的人，是得不到任何同情，人家反而都不敢靠近，他將永遠被困在抱怨、憤恨裡。

其偉知道這不是他想要的樣子，他絕不要再變成那樣。

別人再怎樣的叮嚀、提醒、告誡、耳提面命，永遠及不上自己內心的真正醒悟。

就這樣，其偉如今走出那段灰暗歲月，自己創業賣禮品，成績不俗。

他想用自己的例子，告訴所有還陷在低谷的人，如果他可以，那麼每個人也一定可以。

🎵 那個假仙的小孩

家裡在做檳榔攤生意，有陣子也經營小小的自助餐店。其偉從小就不愛念書，只喜歡玩耍；由於來買檳榔的人三教九流都有，其偉看著這些人出出入入，不免也學到一些壞習慣。

自有記憶以來，大約在幼稚園時期，其偉就愛裝大人樣，學著平常來買檳榔的那些卡車司機，或戴墨鏡穿西裝的人般，講些很「酷」的話。對小小年紀的其偉來說，這讓他可以成為一群小朋友

中的孩子王，並且很不幸的，因為他在這方面得到小朋友們的「肯定」，乃至於很長一段時間他都養成「偽裝」的習慣。

人們說，整個社會就是一個虛假的劇場，人人都戴著面具過活。這只是一種比喻，畢竟每天做生意，要對客戶畢恭畢敬，不免臉上要戴上微笑的面具，即便內心裡其實正在暗罵也是一樣；但如果還只是小朋友，就必須帶面具，就比較可悲。

其偉在整個成長時期，便靠著這種面具過生活，導致他後來壓力太大而開始崩潰。

所謂戴面具，對小孩子來說，當然不是那種爾虞我詐的偽裝；只是一種故意表現出自己很強很酷，或很可憐的表面工作。簡單說，就是為了讓自己得到被注目的焦點，所以必須不會裝會。

其偉從幼稚園開始愛裝酷之後，從小學到中學都是這樣，他總愛表現出自己是老大的樣子，但其實什麼都不會。當發展到極端，他又呈現出另一種樣貌，那就是裝可憐要人同情。他去學了一堆看來很世故的言行對白，但同學還是看出他原本的空虛，於是大家都稱他「假仙」。

就這樣，其偉小時候活在一個虛假的形象裡，他功課不行，也沒什麼真正的朋友；他不討人喜歡，也沒什麼可以說得出的專長。

高職念的是汽修科，其偉自己知道，他很喜歡飆車，因為這樣可以耍帥，但他卻一點都不喜歡汽車維修。當寒暑假的時候，他要去汽修廠打工實習，他知道自己不是汽車板金或汽車電機修理的這塊料，他連想學的意願都沒有。

他喜歡什麼，連自己也不知道，他喜歡被人稱讚，被人覺得自己很了不起；但他內心曉得，自己其實是最自卑的人。

到了 18 歲後，朋友們都長大了，其偉也不可能一直假裝下去，他變得很惶恐。過往的裝酷裝可憐，結果一場空，要往未來走卻突然發現，他什麼都不會。他很害怕，他超級害怕，害怕到必須要看醫師。

♫ 畢業前後的茫然心境

不愛念書的其偉，到了高職畢業，就必須要思考就業問題了，但他內心裡卻完全不知道何去何從。

他有一個好朋友 A 君，來自宜蘭，家中從事烘培方面事業。A 君本身自小就對做麵包有興趣，家族中也有人在臺北開麵包工坊。

身為其偉的好友，他看到其偉那麼茫然，就跟其偉說他準備去麵包工坊當學徒，問其偉要不要一起去；於是其偉就跟著 A 君，開始投入麵包學徒的工作。

當 A 君興高采烈的每天學習精進時，其偉卻只是應付著一天又一天的工作。他不知自己喜歡什麼，但知道自己討厭什麼，例如他討厭汽修工作。但當初為何念汽修？因為考試成績只能到那裡吧！至於做麵包這件事他喜歡嗎？其偉覺得他不討厭做麵包，但他不喜歡的是，整天必須窩在烤箱旁，窩在廚房裡。

內心裡，他還是希望可以與人群接觸，更直白的說，從前那個愛假仙愛現的孩子靈魂仍在心底深處。他還是一直在心底作夢，希

望可以成為被眾星拱月般,有一番成就的大人物,但做麵包顯然不可能。

所以在那段時間,他白天在麵包店打工,晚上則和 A 君去好樂迪 KTV 打工,他的目標是想賺錢,A 君則是想體驗不同的人生經驗。此外,他也去參與傳直銷,當時那位 A 君也跟他一起。

兩人後來在傳直銷都沒做出什麼成績,不同的是,至少 A 君白天的工作做得很好。不像其偉心意不堅,想說可以在傳直銷賺錢,但他愛裝酷的個性卻又不改,後來兩頭空。

麵包店做沒多久他就跳槽了,他輾轉去到不同的麵包店,但都做不久,沒定性的他,只能說功力比一般基礎學徒好一點,但要成為專業麵包師根本不成氣候。

之後,其偉和 A 君一起決定提早入伍;很巧的,當時他們都被分配到宜蘭的金六結受訓。之後分發單位,A 君因為是餐飲科系畢業,自然而然被分派去當伙房兵;而汽修科畢業的其偉,理所當然的被分派到後勤補給單位當黑手。只不過 A 君是快快樂樂的進伙房,其偉卻繼續渾渾噩噩的在後勤單位混了兩年。

就算在軍中,其偉的個性還是不改,他還是喜歡裝做自己很行的樣子。但當碰到實務,他便被看穿了,完全不行。拆穿假面具後,他的軍旅生活就不斷被長官釘被同事厭惡。

直到退伍後,其偉繼續茫然,繼續害怕著。

多年後,其偉因緣際會又開始接觸麵包;那時候 A 君已經是獨當一面的中西點師傅,並且還參與國際比賽及擔任飯店大廚。

所以，人生最重要的事之一，就是要清楚自己想要走的道路，而這正是其偉最缺乏的。

🎵 卸下荒唐偽裝的過去，成熟面對人生

退伍後，其偉不再是受人照顧的青少年了，他必須獨當一面在社會立足，但二十幾歲的他只感到茫然害怕。

那種害怕就好像你坐飛機到了異國，下飛機打開行李箱，才發現帶錯行李箱；這個箱子裡什麼都沒有，沒衣服、沒錢、沒任何生活用品。其偉那時已二十幾歲，過往的歲月卻沒帶給他什麼，過往很多的情境都是裝出來的他，到那時候的人生，就可以被稱作是「裝出來的人生」。

就好像戲子在舞臺上表演，終究要下臺卸妝面對真實人生；其偉拿下面具卻不知道該怎麼辦，後來他整個人病倒了。

當時的他身心皆病。一方面，他嚴重的免疫力失調，經常流鼻血，最糟的時候臉上長東西，甚至波及眼睛，差點傷了視神經。另一方面，他情緒崩潰，變得整天自言自語，被送去醫院吃藥，但吃了兩、三次他就放棄了。因為其偉自己知道，若一味靠藥物壓制，那只是另一種假象。他人生已經夠假了，不需要再靠藥物假下去，於是他停止吃藥，但整個人還是病懨懨的，整天無精打采，看不到未來。

18歲的時候，他第一次參與傳直銷，當時沒做出什麼成績。

退伍後，過往曾經邀他加入傳直銷的朋友，再次來找他。這一

回其偉還是沒做出成績，畢竟他本性仍沒有變，但至少這次傳直銷有幫到他。原來這家傳直銷的產品還真的對身體有幫助，其偉那陣子持續服用，身體狀況有了改善，精神力免疫力也都好了。

其偉自己也想要上進，所以他回到母校，去社區大學上課。只不過根本問題沒解決，他學什麼都沒用，事實上，他根本不知道自己該學什麼；與其說要進修，不如說是在殺時間。他覺得英文重要，去上了英文，但後來不了了之。還曾經去學瑜伽，那根本就是不知所云的一段時光。

在第二次做直銷這段時間，其偉至少有努力想去推廣產品，畢竟他自己就是產品使用成功的見證。但其偉的個性還沒轉型，雖然他知道自己不該再偽裝逞能；但一時要他轉成踏實的業務好手，也不是三天兩頭能做到的。

彼時的其偉變成內向自卑的人，但到了介紹產品時又變得太饒舌，一味以不輪轉的口才硬逼著別人聽他講話。由於他整個人的型就是散散的，兩眼無神；可想而知這樣的人誰願意跟他買東西，他的成績當然不好。

其偉只得再次黯然退出傳直銷市場。

🎵 浮浮沉沉的十年歲月

雖然仍一事無成，且之後有長達十年以上的時間，其偉在不同行業裡起起伏伏；但在內心裡，他有個自己給自己設的底線，人生再怎麼不堪總要過出個樣子來。他還是自卑，但已經學會不要想向

別人乞憐，他不要再陷入自怨自艾的可憐狀態。

其偉當時的生活習慣也不好，他白天去工作賺一點錢，但很容易就亂花掉，後來還需要靠信用卡借貸。好在他自己內心的底線，有發揮一些效應，當刷卡到一定階段，他會及時收手；欠債無法全部還清，但至少最低應繳金額要守住。所以，雖然其偉在工作路上，超過十年沒穩定工作，可是信用上還維持得住。若連這一塊也崩盤，其偉可能整個人也會崩潰。

這段時間，其偉從事過不同的工作。他至少做對了一件事，從過往做麵包時面對烤爐的經驗，他知道自己不喜歡困在室內的工作，另外他也知道若想賺錢就一定要當業務。所以其偉後來換了不同的工作，包括最後他又回去做傳直銷過程，都和業務有相關。

其偉曾經和阿姨一起從事小蜜蜂工作，也就是騎著機車，載貨去各個工地銷售檳榔及保力達 B 等貨品，也有一陣子自己真的去擺檳榔攤。另外也曾去五金商行跑外務，那份工作做得比較久，有長達兩年以上；但沒有一個工作是他可以確定是終身志趣的。

在做五金外務的時候，原本還算穩定，至少每月有收入；但其偉內心裡還是想要賺大錢，他還是有夢想。結果人生中第三度，他又被同一家傳直銷公司找回去。

這回其偉想，如今他有一些市場跑業務經驗了，可能可以把傳直銷做成功了吧！可惜這回還是沒成功，因為其偉的本性雖有修改，但他仍然是一個對前途茫然的人。對他來說，他只想趕快賣出產品賺錢；但他缺少對工作的熱忱，客戶也不對他買單。

在社會上漂泊幾年，還是一事無成。這時候有個機緣，當年的老朋友 A 君已經在麵包業很成功，當上大飯店的主廚師傅。他再次邀請其偉加入，這回其偉比較用心些，真的去學如何做西點跟麵包了，相較於以前三腳貓的工夫，這回至少學得比較正統些。

這時候他的內心有些聲音不斷催促著他，人生苦短，不要再蹉跎，他都已經年過三十了。就在某個夜晚，其偉一個人低著頭，散漫的走在馬路上，忽然聽到前面有人說話。一抬頭，看到一個明顯精神狀況有問題的人，一邊自言自語，一邊朝他走來。當經過他身邊時，那人看了其偉一眼，後然後繼續自言自語往前走。

那一個交錯，讓其偉的心被大大震撼，他甚至有點想哭的感覺。他想對天吶喊，我不想再這樣茫然的把人生過下去。

「我要改變，我確定要改變！」其偉心裡這樣吶喊著。

🎵 不同凡響的力道

人一旦內心想要改變，那個力道可是不同凡響的。

其偉當時還在飯店當西點麵包學徒，他先捫心自問他喜歡這個工作嗎？

如果這不是他的志願，他已經三十好幾了，不應該再這樣耗時間。因此他離職了，並且他還是決定回去做傳直銷。

也是因緣巧合，當還在飯店做西點麵包時，其偉有長達八個月的時間接觸到各種糕餅品牌知識。剛巧那時候，那家傳直銷公司有一個產品和某個禮品業者配合，主打的商品是 Hello Kitty 系列的。

如果說以前的其偉是漂泊在街上的流浪人，如今其偉則是找到目標的行者。他看到那款 Hello Kitty 產品，便決心要主推這個商品；從前他很內向怕生，但此時的他憑著一股狂熱，竟然挨家挨戶掃街賣產品。正好他也了解一些餅類的專業，結果他一晚就創造奇蹟業績在全公司居冠。

　　那時即將過節，其偉抓緊時間，每天都積極掃街。乃至於打造一個銷售盛況，他竟然把那款 Hello Kitty 產品賣到斷貨，其他人想賣也沒得賣了。

　　只不過，畢竟是傳直銷公司，商品的推展不只要賣商品，更要建立人脈。其偉把主力放在商品，沒有建立起自己的組織，節慶過了那款 Hello Kitty 便不再賣了。

　　好在天無絕人之路，其偉銷售業績冠軍，這件事已經傳開來了，結果那家公司的老闆竟然主動拜訪其偉，邀請其偉一起參與銷售事業。其偉當時還有點自卑，說自己什麼都不懂，不知道做不做得到。

　　那位老闆當場鼓舞其偉，他說他有信心，其偉可以把這件事做好；他還鼓勵其偉自己開公司，擔任公司產品的經銷商。

　　就這樣，彷彿是上天為他開了一道門；前一年其偉還在路上閒晃，沒有一個可以說得出口的職業身分，這一年他已經自己創業成立禮品公司，當上了老闆。

　　這次其偉真的不一樣了。

　　母公司有委請三個人做經銷，這三個人中只有其偉自己設立公

司，其偉成績也做得最好。三個人晚上都會去跑熱炒店，因為那裡人氣旺，酒酣耳熱之際，會比較好推廣產品。但幾週下來，其偉的業績最出色，並且成績遠遠超過其他人。

問其偉他怎麼做到的，其實也沒什麼特殊竅門，其偉仍然是那個口才不流利，外表有點害羞的人；但他做到一件事，那就是「勤跑」。其偉既然找到他的真正熱愛的，這回他不再蹉跎光陰了，放下面子，他要努力跑業務，把過往浪費的時光補回來。

他的業績蒸蒸日上，並且為了拓展業績，他也努力結交人脈。朋友看到其偉樸實善良，話雖說不太輪轉，但個性是真誠的；加上一張臉酷似大陸影帝王寶強，也加分不少，讓人也都很挺他。後來其偉也加入青創會、獅子會等組織，還擔任幹部的工作，也是為了可以服務更多人，同時也有助於他的事業發展。

其偉曾說自己過去的人生是「裝出來的荒唐人生」，如今他用努力實力，以及實際表現證明，他可以是個「真誠」的人。

每一天，他用心賣他的禮品糕餅禮盒及季節水果，不管過往如何，他現在已經不再偽裝的走在人生的道路上。

◀ 其偉的築夢箴言

- 最終人要誠實面對自己。你想要別人認為自己很厲害,沒有別的辦法,就只有讓自己變得踏實。假裝只能騙過一時,但長久下來你還是要面對自己。
- 行動前一定要確認自己的方向。不論想賺錢,想成功或想要達成什麼,前提都是要確認你想要怎樣賺錢,想要怎樣成功,想要在哪個領域,達成怎樣的目標,想清楚比盲目的衝撞好。
- 不要自我設限,覺得自己口才不好,覺得自己學歷不佳;凡事只要勤勞,認定方向往前,就可以日有所成。

黃其偉

經歷：

- 青創會成員
- 國際青商會常務監事
- 國際獅子菁鑽會成員

主要成就：

- 協辦國際激勵大師力克胡哲萬人大會
- 協辦全世界最偉大的銷售員喬吉拉德萬人大會
- 尹丹有限公司總經理兼業務經理

經銷商品：

- Hello Kitty 禮盒、禮坊喜餅禮盒、中華名產台中芋頭酥、雲林北港黑金剛花生酥

- 酷似王寶強的外表
- 禮品批發，基因大數據（DNA 解碼）

尹丹有限公司
@jtv1264x

聯絡方式：

電話：0913-587237

LINE：0913587237

生命就是一場自我的修練

葉芸伊

如果心有不甘，

就要去追回，

但追回後又能如何？

如果不想放下，

如果什麼都不能割捨，

最後又能真正留下些什麼？

人生的課題，

最終，就是有捨才有得。

什麼是傷痛？對尚未經歷過的人來說，那些真正受到傷痛打擊的人，所經歷的那種強烈感情，他們是難以體會的。

但就像是鳳凰要浴火重生，蝴蝶要脫蛹新生。當走過熾熱如地獄般的考驗，才能感受到夏日微風的清涼；當走過不見天日的幽暗深谷，才知道陽光是如此的美麗。

生命有時需要磨難，磨難帶來成長。

曾經走過傷心欲絕，曾經想要離開人間，但這凡塵終有值得珍惜的美好，當惡夢醒來，窗外有藍天。

♫ 推車聲音響過整條街

葉芸伊的本名不叫芸伊，那是她經歷過種種生命體悟後新取的名字。

小時候的故事，有時候想起來就是場痛；雖然如今已經經歷過一番了悟，但每當想起那段過去，芸伊還是會難過到無法言語。

生長在新竹一戶純樸的人家，父母親都是養子養女出身，學歷不高；母親是個文盲，父親則從學徒起家，有木工的一技之長，在一家日光燈工廠擔任基層木工技術員。收入雖微薄，本來倒也足以養家；但家中生養了五個孩子，食指浩繁，於是就必須增加副業收入，來維持一家生計。

芸伊自有記憶以來，家裡就是個小工廠，從早到晚，永遠在一盞昏暗燈光下，家人沒日沒夜忙碌著。客廳空有一張桌子，卻很少能夠全家一起溫馨的圍坐在一起用餐，桌上總占滿手工副業的材料、機具，吃飯也總是輪班，或站或坐克難的進行。

那些穿珠子、做填充玩具等的工作，像是永遠無法止息的家庭作業，從小到大，全家都要參與。但即便如此，也只能勉強維持生計。後來有人發明了玻璃切割機具，父親貸款買了五臺回家，從此家裡不只是手工代工廠，還是玻璃加工廠。

對芸伊來說，她小時候的惡夢之一，就是家裡不但時時有噪音及粉塵，並且經常要搬運玻璃，而且每個小孩都要幫忙。她永遠記得，父親推著一輛簡陋的二輪推車，上面載著玻璃，孩子們要一起推，車子才能緩慢的前進，一路上還發出嘎吱嘎吱的聲音。

黃昏時分，整條街燈火已經亮起，家家戶戶圍坐著吃溫暖晚餐，芸伊想著，為何我們家要跟別人家不一樣？

　　當手推車帶著刺耳的聲音，響過一條街，芸伊總是低著頭，想像每戶人家都從窗外看著這家可憐的人家，她覺得臉頰都紅了。

♫ 一輩子忘不了的晴天霹靂

　　生活困苦沒關係，芸伊並不是貪戀享受的小孩；但被人瞧不起就不同了，那是一種持續性的內心傷害。

　　小時候因為家境不好，大姊那時候生病，延誤送醫，因發燒過度得了腦膜炎，終身需要家人照顧，這讓父親母親更辛苦。此外，父親本身收入有限，但他還要照養曾祖母，也就是父親養母的母親；更雪上加霜的，上一代的債務，也須父母親他們來扛，有時候還需要鄰居救濟。這讓家人總是更加卑微，彷彿總是抬不起頭來。

　　在這樣的環境成長。父親母親都是被生活磨得沒脾氣的人，已經習慣當個人下人。小時候的芸伊，也覺得自己很不爭氣，她是個病罐子，一天到晚這不舒服、那不舒服，總是有氣無力的，是標準的弱女子。

　　但，有一天這個弱女子，受到了人生第一次最大的打擊，讓她當下就覺得自己不能再虛弱下去。那一次的衝擊，讓她整個心碎了，到今天都還難以真正釋懷。

　　那時，芸伊才剛國中畢業，還在家裡幫忙。她有一個大她 2 歲的姊姊，長得很漂亮，從前在家幫忙手工藝時，附近就經常有小夥

子，想方設法就是想來看她一眼。這個美麗的姊姊不到 20 歲就嫁出去了，嫁給附近一個也算是和父親有世交的人家。

記得姊姊出嫁那天，雖然家境不豐，父母親覺得面子不可失，就算標會借錢也要讓女兒風風光光出嫁。那時姊姊情況還好，婚後也有回來繼續參與手工藝副業，只不過那時候，她變成是算日計薪的，她回家後，總是原封不動的將薪水袋交給夫家。

這麼乖巧美麗的姊姊，卻遭逢不幸的婚姻。關於細節，芸伊覺得談起往事太傷痛，無法一一細說。但只知道，姊姊初始三天兩頭會回家哭訴，但母親總以「嫁出去的女兒，要以夫家為重」為由，要她忍辱負重。姊姊和丈夫生養了一男一女兩個小孩，芸伊記得她很疼那些個孩子，有機會就想去抱他們。

那一天，芸伊在家做家庭代工，母親當時在午休，父親在工廠上班，哥哥則還在當兵。家中電話忽然響起，卻是她姊姊的公公打來的，他語調沉重的說：「你姊姊死了」。

芸伊還是搞不清狀況：「什麼意思？什麼叫死了？我姊姊才二十幾歲，怎麼跟死扯得上關係？」無論如何，當下芸伊騎了摩托車飛衝過去，迫不及待的衝進門，只看見姊夫一家表情凝重，指著浴室，芸伊進去浴室一看，當下幾乎癱軟在地。她看到姊姊躺在裝滿水的浴缸裡，一看就知道已經沒有生命跡象了。

這晴天霹靂，促使柔弱的小女孩長大，當下，芸伊的心中有了一道強大的裂痕，一輩子永遠無法彌合。

♫ 離家出走遠赴臺北

　　就在辦完姊姊喪事後不久，芸伊不顧家人反對，堅持離開這個家，獨自去臺北發展。

　　芸伊知道家人對她不諒解，她也知道她背負著背叛的罵名。她知道當家中發生這樣的慘事，做女兒的不顧家人傷心，還要離家，這真是不孝。

　　但芸伊知道自己要做什麼，她知道她必須獨立出來，不能和全家人一起沉淪在貧窮的困境裡。總要有人逃出來，才能有機會拉拔全家人。

　　她這一輩子永遠不會忘記，姊姊自殺那天，她獨自一個人去面對冷漠的夫家。她知道，自己的父親、母親一生受人欺凌，就算自己女兒死在別人家裡，也無力去討公道。

　　她永遠不會忘記，為了怕家人難過，那天她通知父親回來時，是騙他說家中機器壞掉要修理，請他快點回來。而母親在看到女兒屍體時，那哭到斷腸的淒厲聲音，將迴繞在芸伊的心理，這一輩子永遠永遠不會忘記。

　　在離家前，她曾暗暗對天吶喊，為何人善就要被人欺？為何我們家永遠要被壓在最下面？她伸出自己的雙手，然後失心瘋般的喃喃自語，為什麼？為什麼？本來五支手指頭，硬要少去一隻？

　　不甘心，不甘心，不能再這樣下去。

　　就這樣，芸伊抹去淚水，背著沒裝多少東西的包袱，身上只有2000元，十幾歲的她一個人遠赴臺北投靠朋友。

有太多事她無法解釋，就好像她明知道姊姊的過世，是因為放棄世界，是因為她已找不到任何一個避風港。如果好好的家不能變成避風港，那就是必須要設法自我解救的時候，她無法對家人解釋，只能用行動證明。

實際上，她也真正用行動證明了。她在臺北打拚幾年後，定期匯錢回家，逐步清償家中債務，帶給父母親好的生活。

那時候，家人才了解她的苦心。

只是，他們仍不知道，芸伊在臺北奮鬥是多麼的辛苦。

♫ 弱女子立大志幫家人還清債務

如今，回首前塵往事。芸伊表示，她死過不只一次。

有時候生活真是一種折磨，難以承受的傷痛。

她在經歷過種種感情傷痛後，曾說過，她了解姊姊為何要離開人間。其實當她看到姊姊的屍體時，一方面有種失去親人的悲慟，一方面卻有一種替姊姊鬆一口氣的感覺。「我最親愛的姊姊，你終於解脫了，不需再在感情地獄受苦。」

一夕間成長的芸伊，孤身來到臺北，已不再是個柔弱女子；為了生存，她什麼事都願意做。初始住在臺北金門街的一處小閣樓，白天去西餐廳當櫃臺領班，後來為了賺取更多生計，晚上也去酒店擔任帶位小姐。

在三教九流出沒的環境裡，各種的苦楚都吃過，再難過也只能低著頭承受，這一點她從小就跟父母親學著，一點都不難。但在她

心裡有堅定的意志：「有一天我會抬起頭來，讓大家還給我應有的尊嚴。」

在交往複雜的場合裡工作，有個好處，那就是很早就開始累積社會歷練。芸伊從一個鄉下地方來的年輕弱女子，幾年間已經歷經世事，成為成熟練達的女性。她懂得投資，她也藉由不同的交往經歷，建立自己的人脈，她很早就投資房地產，還開了一家 Piano Bar。

對她來說，賺錢已經不是第一困難的事。錢，肯賺肯拚就有，但她追求的是家人的尊嚴。她要家人都過好日子，除了錢以外，她要家人更快樂更幸福。

1992 年，她把家中的債都還清，那個讓她小時候充滿噩夢的家庭工廠也收了。她告訴家人，好好享清福就好。同時間，芸伊也認為自己過太多風花雪月的日子了，她想追求心靈的平靜，於是也逐步退出了 Piano Bar 等的經營，想將主力放在投資理財就好。

那時芸伊以為噩夢已經過去，孰不知，她人生最苦的日子才正要到來。

♫ 沉淪哀傷感情路

身上有一些積蓄，靠著收租也沒什麼生活壓力，那時還不滿 30 歲的芸伊，日子過得還算悠閒。有一個機緣她認識了住同棟樓一位國外回來的鄰居，她是個專業美容老師；基於好奇，芸伊開始和她學美容化妝技術，沒想到，這一學，卻學出興趣來。老師說，

大部分人講好幾次也抓不到竅門，但芸伊卻一點就通。

有一回忽然接到老師電話，原來老師在電視臺工作，有一個化妝師臨時拿翹說不做了，老師急著要找人救火。芸伊心想，先去幫忙再說，立刻搭計程車趕去電視臺，也來不及做什麼介紹，立刻衝上第一線去幫明星們化妝。

沒想到，這一化，後來成為芸伊的正職。她雖非科班出身，但就是有一種獨特的化妝美感，並且做事認真，頗獲工作人員欣賞。於是電視製作單位又邀請她去，一次、兩次、三次，後來就乾脆指定她擔任節目固定的化妝班底。

以此基礎延伸，芸伊成了電視臺的重要化妝師，幾年來她幫過無數的大明星化過妝，也曾為綜藝節目化特殊的妝，甚至後來她也成為金鐘金馬獎節目後製的重要團隊，芸伊已變成一個在化妝領域頗有聲望的專業大師。

也因為真的在化妝領域摸出興趣，芸伊決定出國深造；然而，命運發給她一張慘痛的牌。原來，身為化妝師，可以接觸到形形色色的人，就在那時候，她遇到了糾纏她長達八年的男人。為了他，原本要出國的她，取消行程，芸伊陷入了長長的噩夢裡。

愛情是好事，為何說是噩夢呢？答案是，那個男人是有社會地位名人，但無法實現對芸伊的承諾，卻讓芸伊背負無法解釋的罪名。偏偏芸伊是個用情很深的人，她姊姊的死可以讓她一輩子都傷痛，她為了幫家人脫離苦海，可以冒險犯難一個人在臺北打拚。

這樣的她，一旦對一個男人動心，就會不斷付出。而這樣的付

出，卻換來絕望，換來她嚴重的心碎。

情到深時，整個人是迷失的。那時芸伊已經開始學佛了，但就算誦經念佛，若心境浮躁，人也無法心安。

芸伊走在一條沒有未來的路上，她又不捨得放棄；可想而知，往前走越走越淒涼，往後走又心有不甘。日復一日，本來有希望，後來又掉入絕望，掙扎於哀求爭執哭泣與憤怒間，芸伊得了嚴重的躁鬱症。

曾經車子開在路上，她和男子爭吵後開車門跳出來，一個人坐在路中央安全島哭泣。那個堅強北上謀生的女子，如今變成在感情路上無家可歸的落魄人。

♫ 我要救母親回來

在那段長達八年的掙扎痛苦歲月，芸伊人生可以說完全空轉，她沒有投入什麼事業，也沒有建立什麼成就；她只是經常往返於醫院，曾經在家中憂鬱崩潰。同時間她身體出了種種狀況，八年裡住了五次院，開過三次刀。已經失去求生意志的她，選擇讓自己完全被醫師擺布，醫師說什麼就什麼，要開刀就開刀。最後一次開刀時，她甚至心想：「最好麻醉藥過量，我直接離開人世就好。」

而那回，她還真的差點死掉，因為她根本完全沒有醒來的意志，當開刀完護士叫她起來，她就是不想回來。眼看著意識逐漸消逝，再下去就真的回不去了，醫院急了，通知家人全部到場，透過親情攻勢，最後芸伊才悠悠的醒轉。

最終，讓芸伊還是放不下人間的，還是母親。

芸伊這一輩子，做任何事，只要想起母親在姊姊過世時的哭得淒厲的畫面，內心就有如刀割，她發誓要讓母親過好日子。

家人原本以為芸伊在臺北日子過得很好，那時才知道芸伊竟然痛苦到有尋死的念頭。後來母親常上臺北，有一次芸伊陪母親去做健康檢查，醫師最後竟然宣判她母親已得到乳癌第四期。

這晴天霹靂讓芸伊整個被震醒。這個家怎麼了？小時候全家被欺凌，現在好不容易可以過好一點的生活，母親卻是癌症末期。不甘心、不甘心，芸伊這時候為了母親又掀起了鬥志。

可以說種種的挫折打擊，反倒激起了她的憤慨；於是她積極的找各種方法，她帶著母親到處找名醫，她後來簡直成了癌症知識的專家。為了母親，她也更用心的學佛，每天都固定去廟裡唸祈福文，她發願要盡一切力量讓母親活過來，她甚至對上天表示，她願意犧牲自己的壽命換得母親的健康。

母親帶給芸伊強大的力量，芸伊再次堅強起來；她發誓，要守護住母親，就算要去地獄把她攔截下來，她也願意。

♫ 那麼就放下了吧！

然而，這世間不是每件事都可以讓自己一肩擔起。完全的執著，只會帶來完全的傷害。

芸伊那段日子裡，一方面仍深深被長達八年的無望所刺傷著，一方面又為了母親東奔西跑焦慮著。

求醫過程，她碰到許多的奇遇。說是上天可憐她愛母心切也好，說是她病急亂投醫，到處都看到解藥也好。總之，那段日子，她曾經遇到幾次，以一般常理難解釋的經歷，如喝菩薩靜瓶水等等，在不違背正常醫療的流程下，她做了一些協助母親的輔助，還真的幾次讓母親從原本已被送入加護病房，後來又可以出院。

　　但芸伊的心一直處在焦慮強求的心境裡，無法安寧；一次又一次的在夢中醒來，滿臉都是淚水。

　　直到有一次，她遇見了一位密宗仁波切，他告訴芸伊：「放下吧！你要知道，你在人間受苦，天上的另一位母親也正為你難過呢！」

　　「真有天上的另一位母親嗎？她會關心我嗎？」

　　「世間一切都有其定數，所有的苦難，都是一種修練。但過去就過了，你已經盡力了，就釋懷吧！」

　　剎那間，芸伊整個人崩潰癱坐在地上。她大哭一場，卻也得到了全所未有的宣洩。那一刻她忽然覺得，為何要有這一切糾結，感情上的不肯釋放，帶來八年的痛苦糾葛；身體壓力上的不肯釋放，讓她住院五次；對童年往事的不肯釋放，讓她午夜夢迴總在傷心中醒來。這一切要折磨到幾時？

　　放下吧！她聽到一種聲音輕柔的對她說著。

　　放下吧！她覺得內心這七、八年來的糾結，豁然開朗。

　　從那時開始，她接受引介，開始認識法輪功，並且從書中，悟到了過往長長人生沒有真的去感知的真相。

終於，她知道該讓媽媽安詳離開了。

那一天她又接到母親病危的消息，這一回她不再想方設法去找人求助，要創造奇蹟了。她在家人的陪伴下，跪在母親床前，母親用溫柔的眼神看著她。

芸伊靠近媽媽耳旁，輕聲說著：「媽，這回我不再求了，老天怎麼安排，就照她的安排吧！一切聽天安排，請媽媽心念阿彌陀佛，好好的走。」

不久，母親笑著離開。芸伊已經哭到沒有眼淚，她對自己說，救媽媽的功課已經結束。

而就在母親出殯的當天，芸伊收到一封信，還沒打開她就知道是誰寫的，是那個男人捎來的，是一封軟弱無能、慚愧道歉的信。

芸伊心情沒有波動，她想，該來的總該來，時候到了，該釋放的，就釋放吧！

風吹起，滿地的落葉飄散。

生命就是這樣，葉會落，人會走。

該放手的就該放手。

明天又是新的一天，芸伊還有長長的人生路要走。

那年是 2000 年，是芸伊展拋開過往包袱、再次往前的日子，她很快樂，迎向新生。

🎺 芸伊的築夢箴言

　　有時候回首人生，才知道自己被一種意念牽著走。

　　小時候的怨恨，會陪伴你一生。

　　小時候的感恩，也會陪伴你一生。

　　要選擇怎樣的人生，請先往內心探求，找出你的根由，若可能，剪掉無謂的牽絆，這樣才能安心往前走。

　　問世間情為何物，

　　是人就難以擺脫情的枷鎖，

　　有時候就把這些當作一種經歷，

　　是哭是笑，曾經認真活過，

　　那就很好。

葉芸伊

聯絡方式：

電話：0937-072983、0909-133419

築夢者心法

在挫折後的轉彎處看見新希望

郭育彤

有時候在一切都不看好的時候，

反倒可能孕育出新的生機，

一個一直認為自己沒有專長的人，

可能在某個關鍵時刻，

發現他有新專長，並且是非常有用的專長。

上天考驗人的方法有很多種，

當看到別人都有成就時不要焦慮，

也許前面有更精彩的等著你。

　　郭育彤，小時候是個看似什麼專長都沒有的男孩。他功課不怎麼好，但也沒有在某個領域諸如體育、音樂或工藝等展現出才華。他的成長過程很平凡，沒有什麼勵志磨練等情節，他就是一個不優秀也沒什麼特色的人。爸媽都是擔任教師，這樣家庭出身的孩子，本應該很愛念書，但他的表現顯然也讓家人失望。

　　總之，他就是個平凡到看不出未來可以有怎樣發展的人。

　　如果人生是一本書，那麼讀者似乎既無法看到一個天賦優異的優秀青年成長故事，也無法看到是一個歷經磨難所以從小就想力爭

上游的奮鬥故事。

　　但就是因為平凡，所以他反倒可以用自身展現，他可以如何從平凡中走出自己的一條路。

♫ 另一種生涯選擇

　　那年育彤高中畢業後，沒考上大學，只能先去當兵，再來思考後續的出路。一進軍中，他體會到翻轉他從小到大的觀念問題，那就是他沒有什麼一技之長。

　　要選擇兵科的時候，一些有文書專長、有維修專長、有烹飪專長的兵，紛紛被選調去各種單位；而像育彤這樣沒有特色的人，就是最基層的大頭兵，總是被派去做苦力、掃廁所、倒廚餘等等。

　　然而育彤雖沒有專長，但卻有一項讓長官們都注意到的特質，就是他做事很具熱忱。

　　一般阿兵哥思維，做事情只要可以應付上級就好，出任務的時候，能躲就躲，只有白目的天兵才會被派去做吃力不討好的種種公差。但育彤倒很主動的願意接別人不想接的工作，就算被學長、班長誤解，他也不想爭辯，沒想到在一段時間之後，當初誤解他的班長及學長反而轉為力挺他。

　　正因為育彤的這項特質，在軍中逐步受到長官們的肯定。原本在彈藥庫剛開始的專長是彈藥保修兵，當時還沒有汽車駕照的他破例被調去需要有汽車駕照才能進去的部門，也接觸了「消防」這個他以前聽都沒聽過的領域。

育形發現，他對於這個領域，倒是挺有興趣的，甚至還開始接手軍官在辦理的工作。就這樣，他成了彈藥庫單位的消防兵，無論器材維護、防火演習以及消防知識宣達，他都做得很出色。

「沒有辦不到的事」是他的信念，為了修復器材及設備，他可以找盡各種方法，後來長官給了他一個特權，在他執行公務過程中，誰擋路，管他多大的官都可以翻桌子。這當然只是一種口頭的說法，但是長官的信任，給他一個發揮的舞臺，他這個士兵就卯起來做了。

到他即將退伍時，幾個長官開始輪流勸導他轉服志願役。這讓當時才20歲的育形內心天人交戰不已，對家人來說，從事教職的父母，當然希望育形趕快退伍繼續念書，做點「有成就」的事。

但育形心中明白，他若出社會，一時還是不知道未來在哪裡，要他考試，他也覺得厭煩；反倒在軍中當消防兵的日子，他還比較有成就感。但夾在父母期望，以及自己的職涯茫然兩難間，他該如何做決定呢？

長官看出他的為難說：「你家人不是希望你繼續念書上大學嗎？軍中其實也鼓勵官士兵進修的，不只鼓勵，還提供教育學費補助。」想著與其退伍後不知如何是好，也不一定考得上好學校，看著消防這個一手努力建立的成果，放手也捨不得；還不如在軍中，一方面有一份收入，一方面進修還有補助。

就這樣，育形正式成為一個軍人。後來藉著軍中的補助，他後來一路從二專二技往上念，最終也修得了碩士學位。

到今天他已在軍旅身涯服務超過二十年，從前沒有一技之長，如今他也有特殊的專長了。

♫ 軍隊是一個最佳的人生磨練場域

　　軍中生涯，其實也是社會的縮影；育彤認為，軍中其實還比民間更具挑戰性。這也讓原本「平凡」的他，被磨成一個人才。

　　他相信這樣的他，就算明天退伍，在民間競爭力也不輸一個企業家老闆。

　　軍中為何比民間更具挑戰性？因為在軍中服務有兩個特色：第一，軍隊是個時時會讓人處在「被考驗」狀態的職業，從軍二十多年來，雖然很多業務看似例行性工作，但每天都會有不同的挑戰。

　　就以育彤所服務的單位來說，從原本在海軍的後勤彈藥庫單位，後來被合併到聯合後勤單位，之後聯勤解體，他又變成隸屬陸軍，再後來他又被調回海軍的艦艇單位。

　　單位會移防，勤務會調整，面對的情境會更替。一個被軍隊磨練過的人，入民間社會一定可以適應種種變化。

　　第二，軍隊是個講紀律講求服從的地方。也就是說，你就算做不出來，也必須想方設法達成任務。在民間，一個人可以因為和主管、和同事不合，因為見異思遷，因為自己的惰性想休息等等的原因，選擇離職或者擺爛。但在軍中，軍人的天職就是服從命令，沒有藉口，只有使命必達。也因此激發了人們的潛力，這也就是民間企業高階管理職喜歡聘用退役軍人的原因。

　　育彤就是在這樣的環境下被磨練的,他轉服志願役後,對於原本從事的消防業務,自己花錢去民間機構接受更專業的培訓,甚至承接其他業務,諸如補給、營區安全、作戰訓練、運輸調度、採購及土木工程等業務,從那時候開始,他的學習觸角範圍更深更廣。

　　對育彤來說,如何執行這些任務是種學問,但更大的學問是如何「學會學習」執行這些任務。以消防來說,他最初也是摸索出來的,有些工作除了短暫的交接,甚至土木工程他也是每個環節都靠自己學習。上級只是一個命令,要他負責某項工程,後續的預算規畫、工程發包、撰寫計畫報告,全都要他自己去找方法。

　　和育彤同年的人,他們也許學歷比育彤高,也許出社會後穿西裝打領帶看起來比較亮眼,但以學習精進的內容來說,育彤卻比那些人更扎實。軍中不是理論派,每件事都靠扎扎實實的自我摸索以及自我成長。

♫ 軍中的挫折

　　就這樣,育彤在軍中經歷了種種任務挑戰,也建立起了他的自信,以及他多元化的能力。他不只懂專業,也懂領導統御,其他包括企畫、管理,乃至於人際關係心理學。他都培養出一定的能力。

　　但育彤表示,人生很多事情,都是先有挫折,然後才有奇遇。

　　就如同育彤先是在升學上遇到挫折,後來又在職涯路上迷失,後來才走入軍職,打造他如今的能力。後來育彤也經歷一些狀況,帶給他人生新的改變。

有幾件事的發生，讓育彤很挫折，但也是一種學習成長。

在軍中待久了，所謂軍中就是社會的縮影，育彤不免也遇到一些負面的狀況。例如軍中明明規定軍人不准兼職，但有些長官，會巧立名目轉個彎，利用親人的名義，要求下屬向其購買保單、傳直銷產品甚至還有要求貢獻在外吃喝花費，若不賞臉則遭派系打壓、增加工作，卻不討論獎資格，育彤曾經多次萌生退意。

在這樣不懂拒絕，將不當要求當成踏腳石的軍旅生活一路走來，到最後出現了人生的轉捩點。

那時候育彤遇到一個單位內的高階長官，在民間玉石協會掛個無給職的理事頭銜。他會把「收藏品」帶來軍中，以分享及專業介紹的名義，找下屬到寢室或辦公室來看玉石的樣品，接著話鋒一轉，會問其購買意願，在長官的暗示下，下面的人多多少少也要買些玉石來捧場。

但育彤個性比較直，他對上級交辦的任務會盡心盡力完成，對於和職務無關的事，他也公私分明。當長官和他介紹玉石，他很直接的表示沒興趣。這當然就替他惹上禍事。

在他表達「沒興趣」沒多久後，尚不知已惹禍上身的他，已經在被刁難及設陷阱之下被記下兩支申誡。

隨之而來的，這些長官帶進了一個「詐騙角頭」，開始對軍中深入魔手，先是以長官引薦的情況下借錢，再以無法還錢的理由要求辦理信用貸款來投資。

當時育彤發現這種情況嚴重，且已經有其他軍官陷入，在正

義感的驅使下，告誡這些軍官切勿投資這個無底洞，沒想到這些軍官已經深陷其中。他的好心告誡無疑的是冒犯了這幫人，軍官的出賣，讓育彤被那位角頭大哥恐嚇必須投資他們。

這樣在部隊被刁難，及角頭大哥恐嚇的兩面夾擊之下，育彤只能妥協的辦理貸款借予對方，到最後還被逼的向親友借貸來滿足這幫人的欲望。

直到有一天在承受不住之下，向友人透露吐出事件原由，友人立即透過地方關係出面處理，這位「詐騙角頭」在面子掛不住之下，以向警方提出遭恐嚇及妨礙自由，來達到讓育彤保不住軍中事業的手段。

「我沒想到我竟然有這樣的能耐，可以有對角頭大哥恐嚇及妨礙自由的能力。」育彤苦笑的說著。

這件牽連極大的事件，要不是育彤的作為，可能讓軍隊裡出現更多受害者。沒想到部隊為了保住這些軍官，並避免爆出軍紀事件，竟然在育彤齊全的錄音及諸多事證、物證之下，進行調查之後，送給育彤一支小過，並調離原單位，甚至對部隊宣稱是育彤在外放高利貸的不實指責，這件事讓育彤對部隊徹底失去了信任及信心。

當時育彤還不相信朋友的作為及勸告，懷著忐忑不安的心情面對司法，沒想到檢察官大力維護，並斥責提告的一方，讓育彤開始明白部隊的打壓，才是導致這段時間讓他對自我失去信心的主因，也讓育彤對軍中長官提告「長官包庇下屬罪」，並召開記者會對部隊予以反擊，更確立了開始將重心調整至與社會接軌的決心。

♫ 跌倒後更懂得理財

　　但育彤面對的考驗也非常的多。在角頭事件中，銀行及親友的借貸，包含受長官脅迫當保證人，總共要面對的債務高達四百多萬元。這對身為軍人的育彤來說，簡直是無法面對的災難，是過不去的關卡。

　　幸好在部隊養成了「沒有辦不到的事」的信念，開始利用休假時間透過朋友參加他們的聚會，瞭解在商業裡本身能力、時間及身分限制之下所能從事的投資，利用槓桿原理，逐步解決龐大的債務。他是這事件中唯一的士官，卻也是唯一保住不動產及不必以債務協商且維持銀行信用的軍人。

　　說起來，育彤經過學習，分析過各種投資之道；以包租公為例，必須先投資買一棟房子，經過裝潢後，出租給房客；以臺灣的房價，大約要投資至少七、八百萬元，才能換得每月一、兩萬元的租金收入，還得承擔惡房客對硬體物件的破壞，拖延、不繳租金甚至建物變成凶宅的風險。

　　但如果轉向投資專業技術人員開店，或許只需投資幾十萬元，以二房東的類似角色，對專業技術人員每個月抽取固定且適當的利潤，而非剝削式的固定薪資，鼓勵專業技術人員努力工作獲取相對性報酬。所以報酬率是遠比當包租公好的，並且對雙方都互惠，身為軍職的他也刻意避免不能在外兼差的規定。

　　當然，人生不是一切順遂，所謂投資本來就有賺有賠，育彤忽略了人性的卑劣。在投資手工洗車場及加盟飲料店開始收益之後，

又再度面對失敗。但對他來說，每次的挫敗，就代表著未來會有其他的生機。

就好像那句名言：「上天若為你關上一扇門，就必定會為你開啟另一扇窗。」育彤深信這句話的道理。

如同過往的經驗，每次一個負面事件，後面就帶來至少一件好事。後來因緣際會，育彤又被調回海軍單位；但因為他有上次事件被記過的「不良紀錄」，無法被納入原先要分發的單位，反而改派參謀職。

當過兵的都知道參謀職是領乾薪的，但是卻可以有令人羨慕的每日外宿，適逢育彤在一位盧姓長官的引導之下，決定報考研究所繼續深造，並隨著盧姓長官的引導加入多個協會，認識更多企業及教育界的先進，又再度的更加拓展了人生的閱歷。

育彤表示，人生就是這樣，沒有絕對好或壞，路不會到盡頭，只有懂不懂轉彎。如果不是這些打擊，人生的路依然狹隘，或許現在的育彤，仍然是加班到半夜兩三點才離開辦公室的人；永遠也以為天下之大不過是井中觀天的範圍，更遑論能有機會認識林裕峯老師及王擎天博士，站到巨人的肩膀上來看這個世界，進而再度學習與挑戰人生的另一個高峰。

這個世界唯一不變的就是一直在變，展望未來，育彤仍秉持著未達山之巔即不能停止的心態來繼續學習。

育彤的築夢箴言

　　時間花在哪裡，成就就在哪裡。你願意將時間花在跟進多變的世界，就不會被這個世界淹沒。也不要告訴我你在開源節流，開源與節流是兩件事情，這個多變且不斷進化的世界，你是不可能有辦法節流的，唯有將時間花在開源才能達到理想的生活水平。

　　生命中充滿了貴人，你不懂得轉彎，你就看不到貴人。

　　你現在所認知認同的一切，是這個侷限的世界帶給你的認知；走出象牙塔，才能看到外面的世界。

　　學會探索問題背後的問題，你將更會解決你所遇到的問題。

　　「沒有辦不到的事！」就只看你是不是有企圖辦成這件事。

築夢者心法

走出陰影，在歷練中成長茁壯

吳家宇

天生我材必有用，

但首先一個人要肯定自己有才；

若一味只依賴別人給予肯定，

就很容易受傷害。

人生路可能跌跌撞撞的充滿曲折，

但不論如何曲折，都不要忘了自己走在哪裡，

這樣不論過往都坎坷，未來都還是可以是光明的。

他曾經困惑迷惘、曾經自我封閉、曾經拒絕與外界聯絡。

自覺外表沒什麼魅力，能力上沒什麼特色，朋友不多，未來也看不到希望。如果就這樣繼續自我設限下去，那就真的前途一片黑暗了。

這是一個七年級生的自我摸索成長歷程，雖然目前尚沒有大成就；但訪問當時尚未滿 30 歲的家宇，藉由不斷的自我突破，已經走出過往黑暗的陰影。他不再自我設限，勇於接受挑戰，面對未來。

如今已是超越巔峯集團營運長的他，對將來人生充滿希望。也願意分享他過往雖平凡，但過得很真誠的成長故事。

🎵 那段自我封閉的霸凌陰影歲月

有一陣子臺灣流行一個負面字眼，叫做「霸凌」。

有時候霸凌是學生間的暴力，有時候就算出社會工作的成年人也會受到職場排擠。暴力及人身侵犯式的霸凌帶給受害者痛苦，但身體上的傷害遠不如心理上的傷害。家宇，就曾因為霸凌事件，自我封閉了長達七八年。

父親經商有成，小時候家宇的家境環境還不錯。那時臺灣電子業興盛，父親做的是傳真機的生意，符合市場需求，家宇成長時候從不缺零用錢。個性比較憨厚的他，本就不善言辭，加上同學們知道他家有錢可以買零食，看他眼紅，就三不五時聯合欺負他。

個性單純的家宇，小小年紀就覺得這社會為何如此黑暗。每天上課就像一場惡夢。他的書本會被亂畫，每天提心吊膽不知同學又找什麼方式作弄他。

直到有一次同學惡作劇過頭了，竟然拿打火機燒他的褲子，家宇的父親生氣了，直接衝到學校理論，事情在當時鬧很大，父親還堅持要提告。原本應該與世無爭的小學生活，被霸凌事件搞得烏煙瘴氣。

從那時候開始，家宇就關閉了與世界溝通的大門。他生活和常人一樣，只是他永遠想讓自己獨處。他和任何人都保持距離，如果有任何肢體接觸，包括只是輕輕拍一下肩膀，他就會暴怒，嚇得身旁的人也對他敬而遠之。

在他身邊講話也必須小心翼翼，別人認為是開玩笑，對他來講

可能覺得是言語霸凌，他會變得很生氣。

就在這樣的心境下，家宇走過他的年少青春歲月。對大部分的孩子來說，小學到中學有各種有趣的回憶，但家宇從小學一直到高中畢業，都處在這種刺蝟式與人敵對、自我封閉的狀態。

上大學後，校園是比較開放自主的環境，已經滿 18 歲的家宇，終於比較願意放鬆，但心境上還是封閉的。他會開始與朋友瘋玩，但內心那道門仍是關閉的，他從不與人交心。他用種種方式來麻痺自己。大一、大二時他變得有些墮落，喝酒、打電玩，無所事事，就在自我放逐中來到 20 歲。

現在回想起來，家宇覺得霸凌事件真的傷人很大，因此每當看到媒體報導各種霸凌事件，家宇都希望師長們可以多關心一下孩子的成長環境，不要讓這類的悲劇再發生。

♫ 走出茫然，走出陰影

有一天，家宇坐在校園的一角，邊喝啤酒邊懶散的坐著，看著天邊的夕陽，他內心有很多感觸，他想著：「我已經是成年人了，但我的未來是什麼？我完全看不到，每天的日子如行屍走肉，這樣的日子要到哪一天為止？」

那時候，家宇經常在學校做科學實驗，那些實驗用的倉鼠們，也帶給他刺激與體悟。原來家宇念的是職業安全與衛生系，課堂上有個實驗，是要體驗工人的生活環境。

於是找來了實驗用的倉鼠，將牠們分成兩組，一組是做為對照

組的正常倉鼠；一組是做為主實驗用的倉鼠，實驗內容是餵食倉鼠保力達 B，以及其他工人常喝的活力飲料，主要是想測試若長期喝這些飲料，對身體的反應。

從實驗中，家宇看到那些倉鼠，真的呈現茫茫的狀態，這讓家宇第一個聯想的不是別的而正是他自己的寫照。他想，我不正就像這些倉鼠一般，茫然的過日子嗎？

每個學期末也是家宇的傷感時間，不是因為傷感光陰流逝，而是傷感那些實驗用的倉鼠要被「處理掉」。家宇同時也想著：「若我人生再不做改變，我也會被時代所淘汰，被無情的處理掉。」

大約就在那個時期，有個學長和他走得比較近。他知道那學長是在做傳直銷的，家宇沒特別排斥什麼，就如同他也沒特別喜歡什麼一般，他只是對世界無感。但那時他就想做點改變，突破自己的現狀。

於是家宇人生第一份兼職工作，就是參與精油的傳直銷，這對他來講真的是一個很大的突破；畢竟，就算對一般人來說，傳直銷就是業務的一種，做業務就是要跟人講話，並且是跟陌生人講話，那是有難度的，更何況是家宇這種比較內向封閉型的人。

但也就是因為如此，家宇願意突破，這件事終於開啟了他封閉已久的心門。

還記得那時候為了學習精油，房間裡經常搞得香氛四溢的，朋友來找他，還會開玩笑的說：「你這是在幹嘛？你是娘炮嗎？」

若是從前的家宇，肯定翻臉，但當時的家宇已經對這些玩笑可

以一笑置之，於是家宇知道，他已經逐步走出過往的陰影。

♫ 開始嘗試和陌生人講話

做傳直銷並不容易，特別是對家宇這種不善與人相處的人來說，更是如此。

實際上，家宇後來也的確沒能做出什麼大業績，但他至少做到願意去嘗試，並且業績雖少，卻也一點一點的有些成績。

當時也有著家庭背景因素，原本家宇家境是不錯的，但後來他的阿公罹癌，需要做標靶治療。孝順的爸爸，為了讓阿公得到最好的照顧，不惜買最好的藥，做最貴的療程。

就這樣，醫藥費逐漸燒光爸爸的積蓄，不巧的，那時的大環境中，電子產業已經沒落，爸爸的生意日薄西山，生意收入降到全盛時期的約四分之一，家中每月收入有時候不到四、五萬元。

體諒家中情況，並且也想為這個家盡一份力，家宇進大學時，就說好生活費用他自己出，爸媽只供應學費就好。但說是自己出，卻談何容易，不敢跟陌生人講話的家宇，也難從事跟陌生人互動的工作，他寧願省吃儉用，窩在宿舍吃泡麵、喝啤酒，繼續封閉著。

直到大二下他開始想轉變，大三、大四便開始打工，不只是做精油直銷，有一陣子也幫阿姨賣保險，此外，早上也去送報送牛奶等等，一有收入就拿去貼補家用。當然，最主要的打工，還是精油傳直銷。

做傳直銷，當然要邀約。家宇就採取最笨的方式，跟朋友說：

「要不要一起吃飯？」但當時的社會，傳直銷的這種招式大家早就知道，朋友一聽都會跟他說：「你要帶我去做直銷喔！」

家宇只得訕訕的說：「沒有啦！就是吃飯。」

朋友們則笑說：「麥擱假啊啦！」丟下家宇一個人臉紅的站在原地。

但家宇並沒有放棄，與其說要賺錢，不如說他就是想改變自己。從那時候開始，他不邀約自己朋友，而選擇勇敢的去挑戰陌生開發。

他做了問卷，然後去臺中火車站到處請人填寫，有機會就邀約。曾經還碰過這樣的情況：他和年輕女孩做講解，那女孩的男友以為家宇要把他女友，氣憤的找人要把家宇架走。

即使有這類的風波，家宇仍沒有放棄，他知道他一放棄，又會回到舊時的封閉世界裡。即使他知道自己的口才不好，無法流利的與人對談，但他仍繼續去做陌生開發。

於是學長鼓勵他，講不出來沒關係，別人練一次，我們練十次，就算照背臺詞也可以。家宇自己寫了臺詞，然後在房間擺了寶特瓶，就把寶特瓶當練講的對象。

到今天家宇還是不太會講話，但他已經可以和不同的人侃侃而談，即使不是口才一流，但至少可以誠意十足的做好溝通。若是在多年前，這樣的情況是不可能的。

♫ 第一次的小小肯定

一直以來，家宇都是比較自卑的。曾經封閉那麼久，少年時期沒有熱忱，也沒有什麼特別成長；到了大學時候，他想著，「我會什麼？我可以為這社會做什麼貢獻？說句現實點的，我畢業後可以怎樣維生？」

這些，當時家宇都還沒有答案，他只是持續一邊上課一邊繼續參與精油傳直銷的小小事業。

就在這個過程中，精油直銷生意成績雖不理想，但靠著勤練，家宇卻練了一門技藝，那就是他手感很好，很會幫人按摩。原本是因為做精油本就要學習指壓按摩，後來靠著這技藝，他畢業後在軍中，倒也變得很受歡迎。

原來他的按摩功力太讚了，連長輔導長都被他所折服，乃至於每天不被他按一按就不舒服，不只是他們，連隊許多夥伴，也都喜歡讓他按摩。

但有一個後遺症就是，到了晚上，別人因為被按摩全身舒暢，都舒服的呼呼大睡，反倒家宇自己卻輾轉反輾無法入眠。即便如此，他內心還是快樂的，終於，他被「肯定」了，他從前作夢也想不到，自己有一天竟然會因為按摩這件事受到歡迎。

不過，老問題還是沒解決。畢業後要靠什麼維生，家宇仍不知道，雖然按摩受歡迎，但他不想靠這維生。況且，他的按摩雖在軍中受歡迎，但在現實社會中，他並非真正受過培訓的按摩師，當然無法以此為業。

還好在那之前，他已認識了這一生最重要的貴人－林裕峯老師，往後很長的日子，家宇的人生都跟裕峯老師有關。其實家宇在大四的時候就已經認識裕峯老師，當時家宇因為做精油傳直銷，上臺北接受培訓，那時有一門課教授 NLP，授課老師正是林裕峯。當下家宇就對這老師感到敬佩，他們那時候已經是朋友，但互動還沒有很密切。

　　直到家宇軍中退伍後，比較常參與裕峯的活動，後來也成為裕峯超越巔峯團隊的一分子。對家宇來說，裕峯老師是學習的典範，但對於工作，他還須找個正職。所以有很長一段時間，家宇在職場上跌跌撞撞。

　　對於家宇來說，這些都是他成長學習的過程，甚至某種角度來看，他其實還未完全走出學生時期霸凌陰影，必須借助更多的職場磨練讓他更熟悉人群。

♫ 辛苦的工地經驗

　　家宇大學所念的科系是比較冷門的，雖然食安及職安問題很重要，但相關的工作機會並不多。

　　他的第一份工作，是去當送貨員。初始他覺得很有趣，他的任務是去幫銀行送傳票支票等。很難想像，那時網路已經普及，但許多作業還是人工化，包括運送錢這樣的事。

　　由於會找家宇的，一定是比較緊急的事情（所以不是透過保全人員），家宇每天要騎機車穿梭在大臺北車陣，一天跑三十趟以上

的不同金融機構。他笑稱他可以天天去逛 101 大樓，坐電梯到 70 樓不用錢，因為那兒有間銀行，是他每天必跑的。

而一般人也難以想像，有時候家宇身懷鉅款，卻沒什麼安全防備，錢就放在機車上，若真的要搶，家宇怎麼賠也賠不完。當然，這對家宇也是一種壓力，加上當時是酷暑，家宇每天風吹日曬雨淋在外面跑，一個月後受不了了，他只好轉行。

第二個工作，也是要風吹日曬雨淋，不過這回他服務了有大約兩年之久。家宇是去一家營造公司，他在工地服務，講白一點，就是擔任工地的跑腿小弟。

每天的基本工作四大項：買菸、買便當、買檳榔、買啤酒，看似簡單的工作，但工作時間很不穩定，每週工作六天外，有時候緊急狀況，半夜也要出門，例如捷運管線問題，就是半夜才能施工；因為白天會影響交通，這時候家宇就得凌晨起床出門。

工作辛苦收入少並且似乎看不見什麼未來，主要是在培養自己的耐性。並他當時已經常態加入裕峯老師的團隊，對家宇來說，這才是他未來的主戰場。

兩年後，臺北的工程專案結束，但南部有個專案；然而當時家宇的父親因高血壓的症狀，必須常跑醫院，家宇不忍心一個人去南部，於是就向公司請辭，有半年的時間靠領取失業補助度過。

但也在那個時期，家宇可以有更長時間和裕峯老師學習，那期間他幾乎整天都跟在裕峯老師旁邊，學到很多，也在團隊中找到他的位置；他承接了離職的幕後團隊工作，從無到有學會了如何做音

控、如何操作後臺電腦設備等等。

期間家宇有去一家通訊公司擔任採購，但他碰到了主管刻意找麻煩的狀況；原來家宇當初在履歷裡，提到他有在為超越巔峯團隊服務，主管就質疑他兼差，不斷的在工作中刁難他。不過當時的家宇，已經擺脫少年時代被霸凌陰影，只把這視為一種職場現象，他沒有受傷，只在評估不適合後，自己離開。

直到半年後，家宇有一個機緣進入一家上市上櫃公司服務，雖然只是擔任小小的廠務助理，但這讓家宇有個穩定的收入，並且也可以持續排行程跟隨裕峯老師。

對於未來，家宇也越來越有自信了。

🎵 找到想要一生學習的路

這世上最辛苦的事，不是努力奔忙，不是絞盡腦汁；而是茫然工作，每天不知為何而忙的一天天下去，就好像走在一條路上，卻不知道要通往何方，那是最辛苦也是最可怕的事。

家宇因為加入超越巔峯團隊，內心得到了安適。這與金錢無關，也與職銜無關，後來家宇因為能力受到肯定，升任營運長，但早在那之前他就因為自己人生有了方向，生命豁然開朗。

從大四那年開始，家宇認識了裕峯，至今也已經八年了。這段時間，家宇一有機會，就跟著裕峯南征北討，他一個人可以做好整個的幕後工作，這讓裕峯省了不少事。

久而久之，學員們也都知道，超越巔峯團隊有個神奇的音控。

裕峯老師上課時也會介紹他出場，說家宇是重要的幕後幫手。現在的家宇，雖然還是會害羞靦腆，但已經可以坦然的在臺上和大家見面，鞠躬說謝謝。

家宇很感謝裕峯老師給他學習的機會，他自認自己學習領悟力很差，也不擅於接觸人群；但透過積極參與裕峯老師的活動，他已經正式邁開腳步可以經常與眾人見面。

裕峯老師出書的時候，也讓他在書中參一腳，包括他的照片也被放在書上。這讓家宇後來也有一些小小的知名度，這些都讓他很感恩。

為了感謝老師，家宇的回饋就是持續不間斷的提供協助。每當有機會和裕峯去參加重要演講，裕峯老師在學習臺上做講師的智慧分享，家宇則會放更多心力在留意整個活動的音控，學習人家怎麼協助做起承轉合，怎麼讓場面氣氛更好。

家宇知道，在銷售會場上，講師的口才是關鍵的，但好的音控會讓氣氛更熱絡，對業績加分扮演不可或缺的角色。

回首從前，第一次當音控時，家宇手忙腳亂、捉襟見肘，現場混亂。但第二次、第三次直到現在，他已經很熟練了。他陪著裕峯參加各種大型活動，包括三次的世界華人八大名師，甚至他們的講課作品也入圍金鐘獎，乃至於最終得獎，所以說，家宇目前也是金鐘獎得主之一呢！

展望未來，家宇要持續加強行銷。

他知道音控很重要，但音控有很高的被取代性。例如裕峯老師

將來會常往中國大陸發展，但中國大陸市場會有另外的幕後支援團隊，家宇無法派上用場。他的音控工作被取代了，但他的其他能力不會被取代。

用心培養各種專長，剛滿 30 歲的家宇，未來的亮麗人生正等著他。

家宇的築夢箴言

天生我材必有用，

我們不要自我設限，

也許成長過程中會有跌倒，會有難過，

但不要因此否定自己。

若自己不看重自己，還有誰會看重自己？

要記住自己在什麼位置，

不論是做工人，或賣東西。

賺錢是其次，要知道你目前的定位，

是定位在謀生，還是定位在學習。

人生最怕的不是做錯事，而是根本不知道自己在做什麼事。

找到自己喜歡的事很重要，這樣就能建立強烈的企圖心

每個人都有被利用價值，我總是思考著，我能為團隊做什麼。

我後來被團隊重用，不是因為資歷深，而是因為我對團隊有價值。

吳家宇

現職：

超越巔峰商學院「場控總監」

經歷：

知名外商物流公司送貨員

百大營建公司工地領班

知名科技業 GPS 龍頭—採購主管

知名家電業工廠—產線安管

攀登巔峰篇

從零開始創造高峰──林裕峯

做個稱職的配角，有一天你也會變主角──吳佰鴻

掌握趨勢，做個虛擬貨幣達人──高士禮

築夢者心法

從零開始創造高峰

林裕峯

有一天我們成功了，

我們會認為，一定要從小就成功，

這樣才能一輩子都成功嗎？

正如我們有一天若跌倒了，

我們會認為，這一跌，

一輩子都完蛋了嗎？

人生任何時刻覺悟，都可以從零開始，

創造屬於你的高峰。

　　一次又一次站在大型舞臺上，面對著臺下轟聲雷動的掌聲，林裕峯靠著他的演說魅力以及真誠分享，感動了許許多多的人。從臺灣到海峽對岸，被譽為臺灣八大名師之一的他，除了演講、培訓課程、擔任名家專欄外，本身關於業務的出版著作，也紅遍華人社區。

　　然而，這樣的裕峯是經過千錘百鍊而來；一般人很難想像，現在這位舞臺上的明星，其實在二十多歲以前，卻是個內向自卑、不敢跟陌生人講話，並且家裡還被列為三級貧戶的文弱青年。

　　裕峯用它自身的奮鬥，寫就了傳奇，告訴所有年輕人，只要肯

立志，人人都可以讓自己的夢想成真。

🎵 那段看不到希望的人生

出身在內湖，裕峯小時候曾以廟宇為家。他的父親是位雕刻師，在夜市擺攤販售小藝品維生，家境非常不好。雖然如此，但父母對裕峯很疼愛，讓他拜關聖帝君為義父，平日對他呵護備至，也常塞些小禮物給他。這養成了裕峯從小就比較內向，且個性依賴，幾乎不敢和陌生人講話。

然而，隨著父親染上賭博惡習，原本就不寬裕的家，更是每況愈下。那時家中靠著母親打零工及當看護勉強維持生計，父親不但不拿錢回家，並且對媽媽家暴。因為父親火爆的脾氣，也帶給小小年紀的裕峯很大的心理陰影，讓裕峯的個性更加的陰鬱封閉。

不敢講話，也不會念書，做什麼事都膽小怯懦；這樣的裕峯，從國小到國中，經常被霸凌。直到現在他都還印象深刻，當年的他經常被不良少年勒索金錢，家裡本就沒什麼錢的裕峯，為了守住僅有的零用錢，還得刻意把錢藏在布鞋的拉鍊裡。

到了高中時代，成績不好的裕峯只能勉強找個學校念，那是當年著名的打架學校，在那種環境，裕峯更加的被當成受氣包。他那時有個綽號叫做阿信，當然不是指樂團五月天的主唱阿信，而是日本悲情電視劇裡那個苦命的阿信。

可想而知，那時的裕峯，就是個被呼來喚去被當作小弟，甚至最低潮的時候，他也曾自殺過。連他自己都看不起自己，師長對這

個人的未來也不抱任何希望，似乎只有出現奇蹟，裕峯的人生才能有所轉變。

當然，不是整天愁雲慘霧的等待，就會有奇蹟發生。改變需要來自自覺，當時的裕峯尚未找到人生方向。屋漏偏逢連夜雨，家中的氣氛越來越糟，最後演變成母親帶著三個小孩逃家的狀況。

初始一家人逃難般躲在基隆母親的娘家，後來輾轉遷徙到中和，經常要擔憂父親追蹤過來，全家人內心都惶惑不安。直到 20 歲前，裕峯的人生都看不到什麼希望。

♫ 你就要一輩子沒出息了嗎？

唯有走出去，才能看見希望。裕峯個性內向，也不愛接觸人群。但環境卻逼得他必須走進人群。為了幫助家計，20 歲的裕峯晚上念技術學院夜校，白天就在某所國中的合作社打工賣東西。買賣東西看似常與人接觸，但學校環境較單純，裕峯記得他那時候賣東西，當客戶付錢結帳時，他永遠都只是低著頭不敢正眼看客人。

一年後這個打工的合約到期了，裕峯必須再去另謀生計。他在內湖的科學園區找到做品管技術員的工作，也在那個地方，他認識了初戀女友。

當時的裕峯仍非常內向，那女孩大他 3 歲，兩人相處，有時候感覺上，像是傳統男女角色對換，是女孩照顧男孩子多。終於有一天，女孩受不了裕峯這樣子怯懦又不知道未來何去何從的人，選擇與他分手。

她離開裕峯前講出的一句話，卻影響了裕峯一生。她說：「裕峯，你這個人太小孩子氣了，你這輩子是永遠不可能成功的。」

　　像是個當頭棒喝，裕峯初始呆愣在原地。後來他靜下來思考：「難道我真的就像她說的，一輩子不可能成功嗎？」

　　裕峯真的被刺激到了，他把女孩的話寫在紙上，提醒自己，若再不改變，就要被前女友說中了。他決心不要再這樣下去。

　　那時兵單也已到來，裕峯新兵分發抽籤，一抽就抽到海軍陸戰隊。對於像裕峯這樣怯懦的人，大家都認為完了，這下他慘了。但裕峯內心裡卻湧起一種想要翻轉人生的霸氣，他那時一點也不怕挑戰了，下部隊後，他一反常態，變成一位處處爭第一的戰士，他跑步要跑第一，體能競技要得第一。

　　特別是當他入伍時，家中因為父親生了重病，母親也罹癌；家境悽慘，還被政府直接列入低收入戶，必須領取救濟金過活。這更刺激著裕峯，不能再懦弱下去，家裡還需要靠他。

　　當時裕峯的情況，還是一片陰暗；但在陰暗的裡層，已有熊熊火焰即將燃起。

♫ 靜夜中的霓虹大樓

　　那年，考量到家中情況，軍隊特別將裕峯調到基隆服役，方便就近常回家看望家人。

　　一個機緣，裕峯接觸到了一部港劇，叫做「創世紀」，這部影片帶給裕峯很大的影響，前前後後，他將這部劇從頭到尾看過至少

六遍。他受到劇中由港星羅嘉良飾演的男主角影響很大，那個主人翁為了拚業務，迎接很多挑戰，並且往往在人所不能忍的情境下，戰勝自己內心的軟弱，開創新局。劇中他從基層業務後來爬上高峰，當了大老闆，擁有自己的集團大樓。

靜夜裡，當裕峯輪班站哨，在海邊崗哨他看著遠方閃著霓虹的大樓，內心浮起大志。有朝一日他也要擁有屬於自己的大樓。

但能力不足如何賺大錢？不賺大錢如何擁有大樓？於是在軍中歲月，裕峯就開始積極的找書來讀，從那時到現在，他不間斷的學習再學習，並且透過書中成功人物的啟迪，他當時就立志，將來一定要從事業務相關工作，因為只有靠業務工作才能快速賺大錢，進而改善人生。

然而，學歷不高，當時也沒任何業務經驗的裕峯，退伍後連要找工作都不容易，更別談要有什麼發展。那時家中經濟情況不好，父母親都生病，為了不讓家人再更擔心了，他雖還沒找到工作，但有段時間卻先騙家人說自己有工作了，一早出門，其實沒有去哪上班，而是外出覓職。累了，就找間麥當勞休息，直到現在，裕峯看到麥當勞都還是很有感情。

要找工作，當然也不是找不到，那段日子，裕峯也碰到許多奇怪的工作遭遇，也算是讓他見識許多社會的黑暗面。有的工作說要做期貨，培訓三天後，才告知他自己要投錢進來操作。也有賣生前契約的公司，也是一開始就要裕峯自己出幾十萬元買靈骨塔。

裕峯想要突破人生困境，但那時，他還是處在摸索的階段。

♫ 父親的囑託

沒有業務經驗的裕峯，在這領域撞得鼻青臉腫。後來暫時回歸以前做過的行業，去當個品管員，一邊每天悶著頭做例行公事，一邊還是希望人生有所突破。

那時有個同梯的培訓學員，約裕峯去臺北古亭捷運站見面，說有一個教人賺錢的講座可以聽聽看。大家都知道這是一種傳直銷的場合，但那卻是裕峯首次接觸傳直銷。

裕峯真的去赴約，也覺得這是個不錯的行業，於是就在那時候，裕峯正式踏入傳直銷產業。

當時促使裕峯願意刷卡加入的第一個誘因，是因為找他進來的那位朋友，年紀和裕峯差不多，但做那行後，已經開雙 B 跑車，讓裕峯覺得這行會賺錢。

但後來裕峯一回家，家人朋友聽說他要做直銷，紛紛對他潑冷水，告訴他不要受騙上當了。裕峯那時也猶豫了，不知如何是好，乾脆關機不接電話。

後來有一位影響裕峯很重要的業務高層黃老師，親自登門拜訪找他，經過這位老師的遊說，裕峯被說服了，當場刷卡。從那時開始，他才正式投入傳直銷業，那年是西元 2001 年，裕峯正式做業務工作了。

開頭很不順遂，裕峯記得很清楚，剛開始時，有一回他找了一個高中同學來聽講座，過程中那位同學對傳直銷也產生了興趣。最終他跟裕峯說，我覺得這件事可以做。

裕峯聽了很高興，但接著那個同學卻說：「這件事可以做，但我卻不願意跟你做，因為你以前就是個阿信，跟著你一起做哪有可能成功！」

受到了這樣的刺激，那晚臺北下著大雨，裕峯邊騎車邊淋雨，臉上淚水與雨水分不清楚；他心中吶喊著：「我再也不要被人瞧不起了，我一定要證明給大家看，裕峯一定會成功的。」

而在同一年，還發生另一件事。裕峯的父親，當時已經重病，所有的親朋好友都不願去看望他，並且還說這種人不得好死。雖然過往他曾對家人不好，但晚年時他已經深深懺悔，多次對著母親以及裕峯道歉，他說他後悔這一輩子沒照顧好家人，那時全家哭著抱在一起，但父親已經再無法下床。

父親告訴裕峯，他有個夢想，他好想去貓空看看，因為身體關係，醫師無法同意帶著氧氣罩的他出門。父親於是跟裕峯說：「沒有關係，我還有一個更大的心願，裕峯你要幫我實現。那就是你要好好珍惜媽媽，珍惜弟弟妹妹。這個家，就靠你了。」

不久，在家人哭泣聲中，父親離開人間。從那時開始，裕峯總在他的皮夾裡放一張父親的照片，每當工作上碰到挫折，或者心中有一絲絲想偷懶，他就翻開皮夾，看著父親相片；想起父親對他的請託，想起他立誓要照顧好家人。這樣，他就再度站起來，挑戰困難，挑戰業績新高峰。

♫ 不斷打造萬人團隊紀錄

心中有了堅持，裕崒後來不斷開始創造高峰。

剛開始投入傳直銷，第一年只是在培養經驗，沒賺到什麼錢，後來公司還倒閉。但之後他發展速度飛快。當投入第二家傳直銷公司時，他已經懂得業務的許多 Know-how。

那時，還有一個人生的轉捩點，那就是他認識了業務界神一般的導師；那年是 2005 年，彼時，裕崒已經是個擔任中階管理職的經理，公司為了培訓大家更上一層樓，特地邀請梁導師來上課，並且上課前還特別強調：「你們專心學習就好，但切記不要被人家銷售了。」

裕崒當時如同其他在場經理人想法一般，覺得自己都已是業務老鳥，身經百戰，對方再厲害，也不可能對我銷售成功。甚至還特別把錢包放在抽屜，不帶進會場。結果梁導師一演講完，全體站起來鼓掌，紛紛主動要掏錢報名課程。裕崒也特別回去拿錢包，他也要參加課程；因為這世上竟然有人這麼厲害，那麼會演講，那麼會收錢，這開啟了裕崒新的眼界。

那年他聽了梁導師訴說他的人生夢想，當時那些夢想都還沒實現。時間來到今天，回首當年梁導師說的人生夢想，已經全部都實現了，包括上海五萬人演講、拍連續劇、有自己的上市公司等等。

裕崒也在那時候學會要建立自己更遠大的目標，他許下志願將來要上廣播、上媒體、上電視、出書、大陸演講等等，他還記得受到感動啟發的當天，他回家後就買了一本《商業週刊》，把封面上

一位成功企業家的照片頭部，改貼他自己的照片，他要自己有朝一日也變成家喻戶曉的成功企業家。

時至今日，裕峯的願望也大部分都實現了，當然，那年在基隆當兵的時候，看著遠方的大樓，立誓要擁有屬於自己的大樓，這夢想還未實現，他尚在努力中。但從那時候到現在，裕峯已經創下很多傳直銷產業的業務奇蹟。

裕峯曾因公司組織變動的關係，更換過兩次公司，現在他又和朋友合作一家全新的公司。在這三家公司，他都創造了一個歷史，他都是從零開始，最終打造出萬人團隊來。

以第三家公司來說，那年是 2010 年，裕峯去美國參加安東尼羅賓培訓活動時，認識一位總經理，當時他邀裕峯一起創業。那時半客套性的，裕峯答應將來會幫忙，沒想到後來有一天在臺北，這位總經理真的約裕峯要一起打拚。

裕峯當時問：「我們手邊有什麼？」答案是，什麼都沒有，沒辦公室、沒組織、沒半個會員，但有的是滿腔的熱血，以及對未來的願景。

裕峯說他既然承諾了，就真的去做吧！於是又是從零開始，靠著兩張紙，也是利用麥當勞的場地，他進來一個談一個，進來兩個談一雙，裕峯一步一步收人收錢收心，到今天，他又再次締造了萬人團隊的紀錄。

🎵 夢想終將實現

現在的裕峯，早已不是當年那個害羞內向被霸凌的青年。他自信卻又不失親和，他幫助很多人，在大家眼中，他就是個帥氣的鄰家大哥。

業務已經做到一定的成績，他如今將焦點主力，放在如何幫助更多人，也讓自己的影響力擴展到全世界。在發展的階段中，他心想事成，想什麼就出現什麼資源；例如他一直很想出書，後來就因緣際會的認識了王博士，於是開始出書。從那之後又陸續出書，裕峯的書目前已經有簡、繁體不同版本，兩岸銷路都很暢旺。

他想要創造影響力，後來也建立自己的培訓事業，叫做創造巔峰團隊。裕峯本身積極在不同場合培訓及演講，被譽為八大名師之一，在兩岸培訓界，是很有名望的講師。

其他包括受邀上廣播媒體，被大型雜誌專訪，擔任專欄媒體作家等等，也在一路遇到不同的貴人後，這些夢想一一的實現。

裕峯立志要創造他的影響力，在演講場合上，他常真情流露的跟臺下朋友分享：「你有沒有一個夢想，堅持了十三年呢？我有。安東尼羅賓說過，當你堅持夢想信念，將夢想講超過一千萬次，夢想將會成真。你有講超過一千萬次嗎？我有，我十多年來，每天無時無刻都在告訴自己，我要實現夢想。」

今天的裕峯，已將事業觸角發展到海外，最遠曾去到東北，西域等地。未來還將去到更遠的地方。

相信不久的將來，他的夢想大樓就會矗立起來。

裕峯的築夢箴言

回顧人生路，我發現兩件事很關鍵，

第一，你要立志，真正的立志。

第二，你要學習，不斷的學習。

很多人都立志了，但只是三分鐘熱度的立志不叫立志，要持續十年二十年持續一輩子的，才是立志。

很多人多說他要學習，但學習不是上上課記在腦裡就好，學習要落實，學了卻不敢做，這不是學習。

要結合善念才能讓事業更廣闊。

我立志當業務，但最終我要幫助人。我要遵照父親遺願，要照顧好家人，我也發願要幫助更多人成功，所以我到處演講。

從事傳直銷事業時，我衝刺的前提是我信任那個產品。例如我投入的第三家傳直銷公司，賣的是健康產品，我是因為自己的母親確實吃了那產品有效，我才全心投入，後來締造了萬人團隊。

能力是一切的關鍵，能力到位了，那麼無論你去哪裡都可以創造佳績。就像當初加入那家健康食品傳直銷時，從零開始。

當年有個世界大賽，這家企業集團在做全世界業績競賽，結果我才加入半個月，卻入選為臺灣前三名的代表。其他人當時都已經打拚三、四個月了，我卻只用半個月的成績就領先群倫。

所以我說，能力跑在收入之前。

當你賺了 100 萬元、1000 萬元，都可能會花掉。

但如果你有能力，到哪裡隨時都可以從零開始月入百萬元。

有個公式：

能力等於收入，收入會持平，

能力小於收入，收入會降低，

能力大於收入，收入才會提升。

我鼓勵大家讓自己能力隨時充電，隨時學習。

林裕峯

勵志名言：

如果我不能，我就一定要，

如果一定要，我就一定能。

經歷：

- 超越巔峰商學院執行長
- 3 本暢銷書作家《成交就是這麼簡單》、《銷傲江湖》、《勇於超越的聲音》，其中一本為「簡體版」
- 2015 年和 2016 年「世界華人八大講師」
- 第 13 屆榮獲中國百強講師
- 51 屆臺灣廣播金鐘獎得獎團隊
- 夢想起飛關懷協會代言人
- 臺灣《Career》雜誌和《直銷世紀》雜誌專欄作家
- 臺灣《今週刊》雜誌受邀講師
- 年代電視臺「發現新臺灣」個人專訪
- 2015 年與力克胡哲萬人同臺
- 榮獲世界銷售大師喬吉拉德，頒發第一名水晶獎杯
- 在 3 家公司創造萬人團隊，擁有 19 年業務實戰
- 兩岸知名講師

學習：

投資大腦超過 400 萬元以上，公眾演說超過 5000 場以上

專長：

銷售訓練、溝通表達、領導激勵、心理催眠、公眾演說、

NLP、MAC

築夢者心法

做個稱職的配角，有一天你也會變主角

吳佰鴻

相信很多人可能剛開始不知道夢想是什麼，

或沒設定目標也沒夢想習慣；

他們不小心長大，不小心就業，

也不小心成家，不小心變老。

小時候我的志願是總統，

長大後很多事不如預期；

夢想目標從總統，變部長，變市長，變里長，

最後只想當家長就好。

你，還是那個敢作夢的人嗎？

　　在臺北市著名的六條通一帶，入夜後，人氣更加旺盛。來來往往的各國遊人穿梭，在一條巷子裡，有一家再平凡不過的熱炒店；夫妻倆一起經營，不搞行銷，不發傳單，就憑扎實的手藝，讓客人聞香而來。他們忙得沒空特別管教小孩的教育，但這個小孩卻自己發展學習出一套處世的學問。

　　他是吳佰鴻，如今兩岸都有著高名氣的講師，也是創業有成的培訓界企業家，和為善助人的公益名人。

學歷不高，家境也不算富裕的他，如何走到如今的國際思維呢？他有一套自己的老二哲學，或者說配角哲學。

♫ 一個擅長整合的小孩

　自承長得不起眼，也不會念書，沒什麼優點的佰鴻，從小最喜歡做的事，就是當個最稱職的配角。

　小學時代，他參加棒球隊，不是因為他熱愛棒球；事實上，他根本缺乏運動細胞。他參加球隊，只是喜歡「團隊」的感覺，他希望可以被接納，成為團隊的一分子。但不會運動的他怎麼辦？人皆有專長，有人會投球，有人會跑壘，有人反應靈敏、接球快；佰鴻完全都不會，但他會什麼？他的專長就是讓以上這些人，都有個好的運作環境，他選擇擔任球隊經理。

　三國時代，劉備曾自嘲，他什麼都不會，文比不上諸葛亮，武比不上關羽張飛，但他卻能夠成為統御這些英雄的領導人。

　統御是一種整合方式。小小年紀的佰鴻，還不懂領導統御，但他用的是另一種整合，也就是資源整合；相對於領導人在幕前的統御式整合，學生時代佰鴻在幕後的資源整合影響力更大。

　因為佰鴻，球隊才能運作，可以安排好訓練場地，可以找到其他球隊進行比賽，甚至可以找到球具可用。因為佰鴻這位經理，擅長看出哪裡有問題，就去支援哪裡。缺手套，那就設法去找個二手手套。他知道某個有錢的小孩家有不要的手套，但怎麼換？他就拿漫畫來換。小小年紀的他，當然不懂什麼業務學、行銷學，但他已

經能得心應手的做各種資源整合。

如果問，他是怎樣建立這種能力的？佰鴻其實也沒經過什麼訓練，最直接的影響，是來自自家的開店經驗；爸媽為了經營熱炒店，從清晨要去市場批發食材，回店裡要處理，將原本平價的食材做成較有價值的一盤菜。另外如何與客人應對進退等，小小年紀的佰鴻，從這樣的環境中，磨練出他的人際關係學。

♫ 繼續當個配角

小學時代擔任球隊經理，做好所有行政工作，讓球隊可以順暢運作。中學時代，他加入籃球隊；同樣的，不是上場比賽，而是當幕後的行政功臣。

一路來到高中，也是這樣的模式，他加入樂團，不擅長樂器的他，卻是樂團不可或缺的要角：靠著他才能找到好場地，安排行程，以及找到便宜的樂器。

說起來，這樣的工作，不是一般人願意做的，因為那些在鎂光燈下接受喝采的角色永遠輪不到他。相反的，當別人正享受群眾的擁抱時，他卻可能得一個人辛苦的在倉庫裡忙碌；並且，還是學生的他，做這些事當然也不會有任何薪水。

然而，佰鴻雖然沒有因這些付出而獲利，他卻獲得更重要的東西；他學習了經驗，並且能力得到了肯定。

雖然得到肯定，但隨著佰鴻逐漸長大，有一個大家都得面對的問題，他當時卻仍沒有答案。那就是有關人生的夢想，以及未來的

規畫；忙著為別人服務的佰鴻，從來沒有想過自己的未來。

　　高中在樂團幫忙，本就不擅念書的他，聯考落榜；後來重考了一年，才勉強吊車尾有大學可念。因為是吊車尾，他的選擇其實不多，就這樣進入文化大學影劇系。

　　他喜歡影劇嗎？只能說不討厭，對佰鴻來說，念商業或理工還是其他專業科目，都好像很辛苦的感覺；只有影劇類聽起來，就很好玩的樣子。

　　就這樣，18歲的佰鴻不是因為生涯規畫，只因為有趣而去念影劇系。

　　雖然不確定自己未來志向，但佰鴻很確定他很樂意服務人群。在大學時代，他繼續扮演配角，當別人發光發熱時，他就在幕後默默付出，沒有鎂光燈，只有汗水與辛勞。

♫ 臺下比臺上重要

　　只要用心付出，必有所報償，也許報償不是你當初想要的，但上天的安排常常出乎意料。

　　當個永遠的配角，甚至經常連配角都不算，只是跑龍套；但佰鴻多年來的付出，卻培養出他後來出社會後的強大業務力，以及資源整合力。所以當回首當年的同學人生發展，反倒是佰鴻這個配角，後來成就最高。

　　記得學校每次有公演，佰鴻永遠和男主角沾不上邊，也不能擔當男配角。他常扮演類似富裕員外的角色，把頭髮染白扮老，只有

一句臺詞。但他更重要的任務不在臺上，而在臺下，整個劇團的運作，需要有人搞宣傳、找經費、跑廣告，這就是佰鴻在劇團真正的任務。

由於他從大一開始就做這件事，甚至可以說他從中小學時代就開始做這件事，所以後來畢業入社會後，佰鴻從事各種行銷業務工作，完全不需要培訓就能快速上手。他根本就是天生的業務人才。

其實，剛畢業時，他也曾困惑過，過往以來一直為人服務，但他不清楚自己想要做什麼行業。走上演藝之路嗎？他並沒那麼大的興趣，畢竟他也看多了學長姊的出路。

發展比較好的，如他的學長蔡明亮導演，也是撐過一段苦日子才算有好作品揚名國際。大部分的學長姊不是擔任幕後人員，領著有限的薪水，就是學非所用，轉到其他行業去。年輕時代的佰鴻，不是個懂得生涯規畫的人；他會做事，但還不會設立願景及夢想那些看似遙遠的事。

因此這時候的他，最需要的，就是更多的實戰經驗。

順著他的本性，他自然而然的投入各種業務工作。

♫ 種下創業的契機

也曾有短暫時間當過上班族，但就算是上班，也是業務屬性為主。二十幾歲的佰鴻，工作路上並不算順遂，收入倒是不差，只是整個人生還是沒找到方向。

他只知道自己不要什麼，他不要公家機關或穩定的白領工作，

因為太死板，不符自己的個性，上班的生活可能會壓抑他的創意。業務工作則比較好發揮，他喜歡人群，也喜歡幫助人；業務可以融入人群，更可以幫助人。

30歲前，他做過很多行業，他從事過傳直銷，也擔任過保險業務員，或者擔任商品的經銷商。每家公司他都做得不錯，因為溝通已經是他很習慣在做的事；嘗試過不同事業後，他發現，很多事運作的共通原理是一致的。

例如傳直銷產業和保險產業，簡單講，都是靠嘴巴賺錢，也就是做好溝通、介紹、分享等等。所有的業務，都有一個必要的流程，也就是找到新朋友，介紹商品，然後締結合約。每個過程，都靠溝通，都靠人與人間的信任與交流。

佰鴻是個做事認真的人，他有很多朋友，因為大家都覺得他很真誠值得信任；因此他不論是在傳直銷產業，或者保險業務工作，成績都很好，賺的錢都比同年齡的朋友高很多。

在從事業務過程中，他逐漸發現自己的長處。雖然溝通交流做業務，這些也是長處，但這只是一般業務人員的基本特質；對於佰鴻來說，他發現他最大的有別於其他業務的長處，就是他很會「訓練新人」。

一開始他並不知道他有這項特色，直到後來有人問他，為何他訓練新人的速度比較快，為何他的團隊就是比較有戰力？他自我分析後才發現，那是因為他很擅長把原本很難的東西，化繁為簡，以更容易了解吸收的方式傳授給新人；包括在傳直銷界培訓下線，在

保險公司培訓新進人員，都是同樣的道理。

當公司的制度、產品以及業務做法，非常難懂難記的時候，人員就比較留不住，團隊進步也比較慢。透過佰鴻的化繁為簡教學法。他可以讓團隊快速的上手，很快的可以達到業績。

佰鴻逐漸發現他有這項專長，他運用在自己的企業內部培訓上，那時他還沒想到把這運用在創業領域。因為他在體制內運作得很好；直到後來，他疑惑為何一次又一次的，明明他成績很好，業績亮眼，卻總是碰到非他所能控制的事情；例如傳直銷因為總公司政策改變，而整個組織崩盤，或者保險公司被併購，業務員前景堪慮等等。

那時他歸納出一個結論，如果要讓事業長遠；那麼，他終究要能自己掌控公司的運作，他終於決定必須創業。

♫ 走向創業之路

大約 30 歲起，佰鴻就開始嘗試創業。他的專長是化繁為簡，但當時他還不知如何將這項專長化為事業；因此他創業之路，初始還是走業務路線。曾開過電信通訊行，銷售過信用卡，也做過化妝品代理事業，都做得不錯，但他覺得這些都還不是他真正夢想中最好的生涯模式。

開通訊行那時候，佰鴻的業務力再次讓業界驚訝，當時手機業務初始蓬勃，中華電信一家獨大，尚未開放民營。佰鴻在臺北市建國北路、錦州街一帶經營電信行，那個區域因為鄰近中華電信總

部，開了很多通訊行，佰鴻算是眾家通訊行中的新進店家。

當大環境變化，電信開放民營，其他店家反應很慢，佰鴻卻在開放的第一天，清晨六點就去台灣大哥大總公司排隊，批發門號及手機，上午八點自己的店家就開始熱賣，店外有著長長的排隊人潮，直到深夜都還在處理，甚至半夜都還有人敲鐵門想申請門號手機。在眾多競爭者中，佰鴻的通訊行異軍突起，周邊有的通信行無法因應潮流變化，後來就倒閉了。

然而這些事業，都不是佰鴻真正想要的。他覺得真正最想做的還是教育培訓，因為業務是為自己打造業績，但教育培訓可以幫助很多人。

初始他投入的領域是記憶學，起初幾年的時間，上課的對象主要是學生，因為對學生來說，如何記憶是影響成績很重要的因素。但隨著大環境的改變，他的教育培訓逐漸拓展到成人教育；至今，成人的教育培訓已是最大宗，學員多是企業二代或中高階主管。

佰鴻當講師非常在行，他發現全世界的業務人員，都有共通的問題，都想學習如何表達，都想學習如何和別人溝通；但企業內部不一定會教，就算有培訓課程，也不見得他們可以吸收。因此，佰鴻的化繁為簡式教育法，就非常實用。

佰鴻的課非常不一樣，以他最早開的課「快速記憶」來說，他會將重點放在實用上，例如對業務來說，如何記住客人的名字，如何快速學習產品知識，如何更早精通產業學問，進而每次簡報都能侃侃而談等等。佰鴻重視的是快速切入。不同於許多坊間的培訓單

位，喜歡以長時間的課程，要消費者持續上課，佰鴻的課講究的是精簡到位。

他有一套專業的 SOP，這是佰鴻綜合他豐富的業務經驗，歸納出不論是保險傳直銷或各種業務工作，都必然會應用的知識；建立一定的邏輯，組建成完整的架構，可以用淺顯易懂的方式，讓上課學員不但快速吸收，也能真正吸收。

就這樣，佰鴻建立起自己的培訓事業。

♫ 拋開筆記本的學習方式

如果只是一個人做教育培訓，效率有限，影響力有限。要讓自己的培訓機構變成一個事業，就要擴大組織。佰鴻的做法，是把他的教育內容 SOP 化，並且培訓一群有志做講師的人才。

至今，透過這樣子的系統化管理，系統化傳授，佰鴻的培訓教育事業，在北、中、南已經擁有七間教室，旗下有三十多個老師。是目前全臺灣同類型培訓機構中，規模最大者。

佰鴻終於找到自己的夢想，他真正結合自己的專長，發展成自己可以控制的事業，不在受制於其他老闆，可以照自己的夢想規畫自己的企業。

分析他的事業之所以成功，除了教學認真外，最重要的因素，還是「實用」。為何越來越多成年人想要上課？因為時代趨勢，以現在年輕人來說，畢業後工作越來越難找，就算進入企業，也需要面對團隊激烈的競爭。包括已經晉升到主管階級的人，或是業務人

員如何拓展市場的困擾。這些人，都想要接受培訓。

而所謂實用，不只包括符合時代趨勢，更包括教育方式實用。佰鴻舉例，當我們去一家咖啡館，可能有人想點咖啡，有人想點柳橙汁，但如果有人想要咖啡喝一點、柳橙也喝一點呢？這就是佰鴻課程的特色，他的課程能抓住不同項目的精華，讓學習有效率。

他知道如果課程拖太久，學生會因為無法立即抓到重點，而產生疲勞感；也許業者可以因為採取長期密集課程賺到錢，但對學生並沒有真正幫助。

佰鴻上課強調的一個重點，學生可以不用抄筆記，為什麼？因為老師就是要讓你「下課前」就真正會應用，而不是看似超滿滿的筆記，回家可以炫耀自己有學習，實際上卻還是不會做。

他舉例，就好像上游泳課，如果教練教的時候，學生在旁勤抄筆記，這有用嗎？還不如讓學生直接下水，和水混戰個一段時間，自然就開始會游了。

當然，這樣的課程設計，完全為學生著想，身為規畫人的佰鴻比較累，卻無法賺更多錢，因為課程沒那麼長。但如同從小佰鴻一貫堅持的，他喜歡在幕後擔任助人的角色，只是這回的主角是學生，佰鴻負責在幕後設計出最佳的課程，讓學員可以好好應用。

♫ 打造好講師平臺

如今佰鴻的培訓教育事業已經是業界規模最大。他將主力發展到其他領域，雖然做的是培訓別人的事業，他自己本身仍不斷在接

受培訓。他會將自己的成長，應用在培訓事業上，企業的教材會不斷修正。

在經營事業上，他已將主力放在培訓更多人才，繼續讓更多人發光發熱，他很多時間還是身居幕後，做企業願景規畫布局，以及種種的行政和業務招生工作。

當然，本身已經是企業家了，佰鴻決定自己也不能一輩子當配角，他也要站出來當主角了。這些年，他積極的在不同場合演講，也加入各種講師組織，參加比賽。至今，他已經是在兩岸都有知名度的當紅講師，經常受到大陸邀約演講。

另一個他投入的領域，就是公益服務領域。

初始佰鴻想創建一個組織，為有志投入講師行業的人服務，他要建立一個組織，為這個行業的人謀福利。在申請時才發現，所謂「講師」，並沒有一個標準定義。

在政府的定義裡，需要有證照在學校教書的才是講師；但在商業社會，企業講師不一定要有證照，事實上大部分的講師並沒有證照。後來他將服務的對象定位為企管顧問，這樣就可以符合申請標準，這樣的定位，既可以服務講師族群，也可以服務企管顧問，以及各領域的講師及教練。

就這樣，佰鴻成立了臺北市企管顧問職業工會，這純粹是個服務性質的工作，佰鴻付出很多，但在這方面不會有很大的獲利。

他為了鼓勵更多講師出頭，創辦了「臺灣好講師大賽」活動。就好比有人喜愛唱歌，可以參加歌唱比賽節目出頭天一般，在講師

界，若舉辦這樣的活動，就可以讓講師們，有個出頭天的機會。

佰鴻表示，這樣的比賽有雙重意義。

第一，比賽本身就代表一種凝聚力。參與的人，會為了比賽努力準備，努力充實自己，也會勤於練習。如果沒有比賽做誘因，很多人會比較偷懶，因為少了一個具體的練習理由。

第二，比賽本身不論有沒有得獎都是種榮耀。闖出頭的講師可以有知名度，在兩岸發展事業。就算成績沒那麼好，只要肯參加，就是一種肯定；在個人的履歷表上，也可以記錄下這方面的成績。

到今天為止，透過佰鴻的好講師活動，已經培育出一兩百個講師，這些講師又持續對社會產生正面影響。佰鴻於是直接間接為社會做出許多貢獻。

佰鴻不知道人生的方向在哪裡，直到大學畢業都不知生涯何去何從；但透過服務，透過專長發揮，他終於找到他的夢想，並且實現他的夢想。

未來他期許自己的事業體可以公開上市，相信以佰鴻的奮鬥精神，他的夢想指日可待。

佰鴻的築夢箴言

找出自己的人生夢想很重要，但有時候時機未到，夢想可能還無法確定。

就好像問小學生他的夢想是什麼，他說要當總統，但這是他真正的夢想嗎？

人生經驗尚未到的時候，有時候說夢想還太早。

所以我要對年輕人說，人生有夢很重要，但如果一時還找不到方向也不要焦慮，與其胡亂跟隨別人，以別人的夢想為夢想，不如多加嘗試各種領域。至少在 30 歲前，多多嘗試，才能找到真正屬於自己的好生涯。

人生不一定要當主角，一場戲劇，如果人人搶著當男女主角，戲怎麼演得下去？服務，不代表卑微，就算是扮演配角，也可以演得出色。重點是我們的初心，是為了服務，是真正利他；那麼，在那個服務的領域，你就是主角。

為人付出不計較，有時候，付出就等於學習。我看到很多社會上成功的人士，他們往往都是付出最多的人士。

如果你是年輕人，那麼試著不要計較，在職場中，選擇最辛苦的事去做，久而久之，你會有不同的收穫。

吳佰鴻

臺灣經歷：

- 華人好講師大賽——諾浩文創科技董事長
- 艾美普訓練總經理
- Stratford University IMBA
- 中華兩岸創業發展協進會創會長
- 臺北市企管顧問職業工會創會長

大陸經歷：

- 中國我是好講師大賽最佳演繹講師
- 中國金牌培訓師暨十大教導型企業家
- 海峽兩岸青年創新創業導師
- 中國職業網路主播培訓認證講師
- 蒙牛集團、中車集團、宗奉集團特聘講師

著作：

- 2010 年《夢想行者：15 則活得精彩的人生閱歷》
- 2014 年《帶著競爭力出關：讓老闆替你按讚》
- 2015 年《立即上手的教導力：頂尖顧問親授的成功法則》

- 2015年《富裕人生從管理開始：創造價值的30招必勝技能》
- 2016年《贏向商用4.0：超譯孫子兵法的新實戰力》
- 2016年《堅持的信念：扶輪好講師的生命智言輯》
- 2017年《勇於超越的聲音：扶輪好講師的生命智言輯》
- 2018年《築夢進行曲》

聯絡方式：

Facebook 粉絲專頁：吳佰鴻老師

YouTube 頻道：吳佰鴻 - 華人好講師

優酷 YOUKU 視頻：吳佰鴻 - 華人好講師

掌握趨勢，做個虛擬貨幣達人

高士禮

有人是億萬富翁，

有人是千萬富翁，

有人只有年收入一兩百萬元，

但只要生活快樂，能夠做自己，

就是成功人生，

成就不是以金錢衡量，

看的是，能否達到自己訂定的目標。

　　走在趨勢最尖端，總是掌握世界金融脈動，時時刻刻可以用最當紅的金融術語和人們分享專業知識。一個在南北各地講授最新的金融理財資訊，也經常受邀到大陸演講的虛擬貨幣專家；本身卻穿著非常樸實，講話和生活的步調優閒，因為他說，人生知足就好，不要刻意強求。這位虛擬貨幣專家，就是高士禮。

　　帳目上擁有至少十種不同虛擬貨幣，以投資為收入主項目的他，同時也是個業務好手，以及公眾演說老師。他不會要求別人跟他一起投入這個市場，他不評判哪行好哪行不好。他認為只要能做自己，任何行業都好。

♫ 為自己的選擇負責

士禮是學電機出身的，畢業後也曾當過幾年的上班族，從事高壓電纜業、冷凍空調業等等。這類的工作，可以發揮的本職專業所長，只是他日漸覺得，他希望過得是更好的生活。所謂更好的生活，當然是以他自己的人生藍圖為主，他想像中的人生，不希望太過勞累，可以盡情享受生活之餘，金錢仍不虞匱乏。

當然，他並不追求偷懶；事實上，他雖然本身若有空閒的時候，喜歡悠哉悠哉的倘佯在天地間；但真正做事的時候，他卻可以比別人花更多工夫去學習。

也就是因為如此，他後來投入業務工作成績也都不錯。他不是那種業績光芒萬丈，穿著光鮮亮麗、日以繼夜打拚型的人；但他抓住一個做人做事最基本的基礎，就是兩個字「負責」。一個負責的人，第一，要對自己負責，因此不論是工作成績或財務累積，都要有一定的水平；第二，要對自己的團隊負責，因此他在投入多層次傳銷業，從事組織行銷工作時，會花很多心力照顧下線。

包括後來他開始參與虛擬貨幣投資，當透過他的課程加入他團隊的學員，出錢投資卻反悔。本來這是個人各自的選擇，就好像我們買股票下手後，沒有理由說我反悔不買了，之前的投入不算。但士禮卻願意用自己的金錢，向那些反悔的學員買回他們的虛擬貨幣帳號，一切算在他自己的帳上。後來因禍得福，因為這幾年虛擬貨幣不斷增值，連帶士禮名下的帳號，也都增值許多。

如同士禮一再強調的，這都是個人自己的選擇。他選擇對那些

學員負責，中間沒有任何利益或要求回報；而那些學員們後來因為對未來感到不確定，選擇不再繼續投資，這也是他們的選擇。

　　一旦選擇了，沒有對錯，只有結果自己承擔，士禮就是這樣一個心胸寬闊的人。

🎵 初次接觸虛擬貨幣

　　說起來，就是因為心胸寬闊，士禮從小到大，對任何事都不會預設立場。

　　當初從上班族轉換跑道，開始投入傳直銷業，親友並不贊同，也有很多人將傳直銷貼上負面標籤。但士禮會自己觀察，他用心看事情，不是用傳聞來評判事情。

　　他認真去研究產品的優劣，第一個加入的傳直銷事業，本身也是世界知名的體檢機構；他認為這是健康事業，本質是助人的，事業經營的過程也不會強迫別人或用不正當手段，他覺得這是好的事業，就這樣加入了。

　　後來因緣際會，轉換到另一個多層次傳銷事業，也是秉持著同樣的心態，他在新的公司認識了許多的好朋友，包括林裕峯老師等影響他很大的人。他認為做事業很重要的是認識對的人，士禮很尊重林裕峯老師，因此也加入新的事業。但他也跟以前的事業朋友保持好的聯繫，就是在這樣的聯繫中，他首次接觸虛擬貨幣。

　　大部分人談起從未聽過的東西，第一個浮現腦海的念頭，可能就是懷疑警戒。這種想法基本是對的，畢竟，這世上有很多比較虛

妄或心存詐騙的人，對於接觸未曾聽過事務的態度要當心，這是正確的。重點是，接下來的做法，是完全聽都不聽直接排斥，還是經過自己判斷，有條件的慢慢去了解。

有一次，士禮和他第一家服務的傳直銷事業認識的好朋友見面，初次聽到虛擬貨幣這個名詞。那是 2015 年，如今已經比較普及的一些 FinTech 概念術語，當時在臺灣還很少人聽過，就連到今天，大部分民眾還是對那些新金融術語感到陌生，更何況是 2015 年，士禮初次聽到這個名詞，是完完全全感到霧煞煞的。

虛擬貨幣，是電玩術語嗎？是一種遊戲紙上談兵的假錢嗎？他當時不明白這名詞是什麼概念，但只確定一件事，那就是他那個朋友，是個做事認真值得信任的人。這樣的人不會隨便拿虛妄的東西和他開玩笑，他選擇相信，所以士禮開始接觸虛擬貨幣。

♫ 和虛擬貨幣的第一次接觸

算起來，士禮接觸虛擬貨幣其實也才大約三年，但就在這三年裡，世界金融市場已經有很大的轉變。

到了 2017 年底，FinTech、第三方支付、虛擬貨幣等，已經成為熱門話題，在書市上也逐漸占有一席之地。以發展進度來說，臺灣在世界金融發展上是比較落後的；在對岸的中國，則反倒在 FinTech 領域發展領先全球，包括 FinTech 借貸、FinTech 支付、FinTech 保險等，都遠遠走在臺灣前面。

但純就虛擬貨幣來說，兩岸都還在發展階段。早在 2015 年之

前中國股神何振球就說過一句話：「與其炒股，與其炒房，不如炒虛擬貨幣。」士禮表示，如果他更早就聽進並了解那句話，那他今天的收入可能遠不只如此，可能早就是個億萬富翁了。

士禮謙稱他本身是比較保守的，只是在正職之餘，因為好玩而聽從朋友的建議。他記得一開始他只拿出 5000 元來買虛擬貨幣，從當時進場的基點起算，他後來也賺到十倍以上的獲利。這中間過程隨著他對虛擬貨幣的深入了解，後來他逐步加大投資，乃至於到後來他成為這領域的專家，也是上課的講師。

當年他離開上班族，是因為心中有個夢，想要過著比較自由自在又有錢的生活，他希望擁有長期的被動收入。後來進入傳直銷業，他雖不是大富翁，但生活也算寬裕有餘；投入虛擬貨幣領域後，他找到另一個更寬廣的世界，這是個身邊大部分人都仍不懂的世界，就是因為對人們來說還很陌生，所以就有很大的發展空間。

士禮這幾年來專注投入研究虛擬貨幣，他認為一般人若自我設限，一開始就因為不懂而拒絕接觸，實在有點可惜。因為這是一個很大的概念，超越了過往認知的企業定義。虛擬貨幣平臺，串聯全球多個國家，許多虛擬貨幣的應用及發展也如雨後春筍般紛紛萌芽及茁壯，在士禮初接觸那年，全球就有上兆營業額。

士禮是個親和力高、做起事來又很認真的人，他透過分享新觀念給新朋友，從 2015 年到現在，幫助數 10 位朋友創造百萬元以上的獲利，而士禮也把未來趨勢分享給朋友，讓很多人也在這領域賺得了頭腦的資訊及資訊財。

♫ 看對趨勢，找到好時機

在 2015 年以前，士禮連聽都沒聽過「虛擬貨幣」；但當他的朋友和他介紹時，他抓住了兩個字，那就是「趨勢」。

這世界諸多的首富們，當初可以由貧轉富，進而成為世界級的巨富，關鍵往往就是在抓住趨勢。士禮追求富裕自由擁有長期被動收入的人生，他相信改變他命運關鍵的絕對是要和趨勢有關。因此，他不參與則已，一參與就花了很多工夫學習。士禮光是學習，就要上 1800 小時的課，並且所有課程都是英文。

士禮本身的外語能力並不強，但他為了學習卯足全勁，他採用土法煉鋼的方法，先把講義裡英文原文影印下來，再設法找適當的轉譯軟體，譯成中文學習。

過程比較艱辛，所以士禮學得比較慢，但他雖慢卻很堅定。這個平臺有做測驗，要測驗過關才有資格晉級上進階課，士禮經過超過十次考試不及格，後來才終於過關晉級。但也就是因為如此，他一而再再而三的學習學習再學習，造就了他深厚的學習專業。

一當走入虛擬貨幣的世界，那真是個龐大的世界。士禮說，臺灣一般民眾，理財視野可能還只侷限在股票；但股票就是在有限的發行市場，在有限區域的金錢募集。

在臺灣就是買臺灣的股票，頂多有人投入海外市場，也都是類似的概念。但虛擬貨幣卻是個串聯世界的新興支付工具，並且因為挖礦難度越來越高，虛擬貨幣是限量發行的，物以稀為貴，但要變現卻又很容易；因此非常搶手，價格不斷往漲。就算平常再不關心

理財資訊的人，這一兩年多多少少也開始聽聞過比特幣這個名詞，而比特幣是虛擬貨幣中最知名的一種。

　　士禮認為比特幣的漲跌比較大，自認理財觀念還算保守的他，選擇其它類型虛擬貨幣，漲幅比較小，但相對穩建穩穩的，總是一路上漲。

　　當然這只是一種投資，士禮本身的主業有兩個，一個是美容商品的銷售；另一個事業就是虛擬貨幣，但這裡指的是他的「業務」部分，士禮擔任虛擬貨幣平臺的講師，將虛擬貨幣知識分享給學員，他有定期的講課行程，在臺北臺中都有固定的粉絲。

♬ 資訊落差，財富落差

　　提起虛擬貨幣，因為是新的觀念，所以在講授上，士禮為了讓學員易於了解，會援引一般投資的術語。感覺上，投資虛擬貨幣，就好比是投資股票的概念，反正也是有漲有跌。但實務上，真正的專業，完全是另一門領域的，例如所謂虛擬貨幣的獲利，就有七種方法，漲跌賺差價只是其中一種，士禮專精的還有挖礦以及炒幣。

　　大部分人聽到挖礦，一定有聽沒懂，挖礦？挖什麼礦？投資理財還得去挖礦嗎？所謂「資訊的落差，就是財富的落差」，就是因為如此，士禮掌握專業，就能掌握財富。

　　挖礦當然不是真的指挖煤礦之類的礦，而是指解碼，解的越多就有更多的虛擬貨幣。要挖礦需要挖礦機，所謂挖礦機，當然也不是指類似挖土機鑽洞機那種重型機具，而是指可以解碼的電腦軟體

工具。就連這部分，也有很大的商機。

士禮融會貫通所有的理財知識，他懂得用期貨的概念來買賣挖礦機。因為以大趨勢來看，隨著虛擬貨幣越來越普及，人們越懂這個領域，挖礦機的需求就越大。

因此整個看來，挖礦機的需求越來越大，甚至還到了求遠過於供，要買不一定有貨的情況。士禮懂得抓住趨勢，以期貨的概念及早預定，當真正交期的時候，已經有了可觀的價差。

因此，士禮既能透過抓穩虛擬貨幣漲勢，擁有投資報酬；還能夠透過生意買賣眼光準，賺取生意利差，他真的很有生意頭腦。但回歸到初心，士禮強調的仍是，他並非想追求金錢主義，也不是想當個工作狂，最終他就只是想過自由自在的生活。

曾有人表示對士禮的工作羨慕，認為他短時間內就可以賺幾百萬元。士禮會告訴他，其實任何人只要快樂的做一件事，錢就一定會進來。當你既感到快樂，又有收入，這不是最好的事嗎？

就算你只是在賣番薯，你熱愛番薯，喜歡每天聞著番薯香，又喜歡看著人們吃你賣的番薯時滿足的表情；這樣你既可以感到工作愉悅又有收入，這就是人活著的真諦。

士禮認為，一個人賺幾百萬元跟幾千萬元乃至於幾億，錢最終還不是要化成生活所需，化成人的成就感。如果你已經很快樂，這件事就已經足夠。

♫ 開展人脈接觸更多資訊

士禮自有一個融合悠閒與專業的人生觀。他認為人生快樂最重要，當然有錢也很重要，但錢的最終目的還是要換成讓人快樂的結果。而要「有效率」的有錢，關鍵在人脈。

士禮認為，他從上班族一路走來到現在，任何的成長，都離不開人。是因為貴人幫忙，他才能認識虛擬貨幣；後來在經營虛擬貨幣業務時，他的業績蓬勃發展，也是要感謝他的團隊有幾位戰將。

不只是他，士禮觀察世界上所有在不同領域成功立業賺大錢的人，一定手下擁有許多專業的人才，同時本身又具備廣闊的人脈。一個人若想要成功，人脈建立是最重要的，當年士禮會離開上班族的行列，原因之一，就是上班族的人脈觸角比較有限。

而且人外有人，天外有天。如果一個人總是心胸狹隘，那麼以他自己來說，當初就不可能接觸到虛擬貨幣。因為對一個保守的人，那是很難接受的新觀念。

同樣的，如果不認識很多各種領域的能人，士禮就不會知道，他還有許多事物要學習，要精進。這讓士禮除了工作與休閒之外，最常投入的就是學習。

人脈還有一點最重要的，就是要認識夠多的人，才能更抓準趨勢。如同前面說過的，抓住趨勢才是致富的關鍵。就算有的人志不在金錢，但抓住趨勢，讓自己不要落伍，也是在現代生活的必需。

像士禮先是依照趨勢投入虛擬貨幣，後來又因為趨勢更深入到挖礦的領域。他用心去研習世界各國的發展，例如臺灣在 2017 年

也立法三讀通過「金融監理沙盒」法案，是全世界第五個通過擁有監理沙盒法律的國家。

沙盒是可以讓小孩盡情玩沙並發揮想像力的地方，金融監理沙盒即是在一個風險規模可控的環境下，針對金融相關業務，或遊走在法規模糊地帶的新創業者，在主管機關監理之下的一個實驗場所。讓業者盡情測試創新的產品、服務乃至於商業模式，並暫時享有法規的豁免與指導，並與監管者高度互動、密切協作，共同解決在測試過程中所發現或產生的監理與法制面議題。

而對於不懂的東西，士禮鼓勵大家不要預設立場，因為這世界上，任何東西剛問世，都是讓人不懂的。例如電力、蒸汽機、網路剛問世時，也是全世界百分之九十九以上的人都不懂。

不懂是一定的，因為是全新的東西。士禮的另一個專長，就是他會設法用淺顯易懂的語言，將這些資訊傳達給學員，讓學員覺得簡單能理解。

♫ 對自己事業負責

而今士禮坦言，他比較沒經濟壓力，有時候他可能整天悠閒的躺在沙發上看世界級大師的學習影片，就這樣輕鬆度過一天。

對於一般人或上班族，士禮衷心的建議，人生，就是要做自己喜歡的事；士禮有他自己的模式，但不代表其他人也要跟隨他的模式。

士禮樂在工作，樂在他現在的投資事業；他也鼓勵讀者們，只

要不做勉強的事，成功的找到屬於自己的快樂之所在，抓住那樣的快樂，一天進步一點點，那就能達到長期快樂的境界。

士禮認為沒有所謂失敗，只有定義太高。例如一個人追求考試滿分，他考 99 分就是失敗；但如果一個人努力學習，測驗只是讓他評估自己學習程度的方法，考試幾分都跟失敗與否無關。

同樣的，人們日常生活中會有失敗，進而感到不快樂，多半因為自己訂了不容易達到的目標。

如何做人做事，士禮覺得就是「負責」；盡力做好自己的事，行有餘力，讓自己能力增長一點點，目標逐漸成長。而不是能力只有到年收入 100 萬元，卻勉強自己收入要到 1000 萬元；明明就達不到，硬要這樣制定，只會讓自己不斷受到打擊，最後連 100 萬元都達不到。何苦呢？

所謂負責，對人重要，對自己更重要。很多人羨慕士禮。士禮會語重心長跟他說，所謂賺錢，如果做自己快樂的事賺錢就輕鬆；如果感到不輕鬆，那就是自己的選擇。

例如上班這件事，有人說員工的命運是老闆決定的；但士禮卻說，那絕對是員工自己決定的，員工可以自己選擇他要去當 5 萬元月薪的上班族，10 萬元月薪的上班族，乃至於百萬元月薪的上班族。這種事決定權在自己，不要再怪罪任何人。

他說：「如果一個人有時間去 EXPLAIN，那就不該 COMPLAIN。只有對自己不敢負責的人，才會整天怨天尤人。」

最終，士禮鼓勵人們追求自己要的生活。士禮透過虛擬貨幣達

到他的人生財富自由；你可以不喜歡虛擬貨幣，但他希望人們不是因為不懂就選擇逃避。找到自己喜歡的領域，真正投入，並對自己負責，快樂與財富就會接踵而至。

🎺 士禮的築夢箴言

　　和大家分享我最喜歡的大師金句：
「甘願做甘願受，做事要自己喜歡。」

　　至於做事要有效要成功的方法，有兩種：一種是依照自己的方法，一種是依照別人證明有效的方法。可以試著自己的方法，後來證實不成功了，那就不要再日復一日用舊方法，趕快去應用別人證明有效的方法；例如去上課學習世界級大師的方法，這樣才能創造好結果。

　　「清晨醒來的第一件事，或者說一天中你最早需要做的事，就是數算所獲得的恩福。」——朗達拜恩《魔力》

　　「成功的人是跟別人學習經驗，失敗的人只跟自己學習經驗。」

　　　　　　　　　　　　　　　　　——安東尼羅賓

　　每人的類型不同，要挑選適合自己的工作。

　　成功是上天給予每個人的權利，大家都可以追求。

　　自己不放棄自己權力就好，但千萬不要抱怨；抱怨就代表你不滿你的現狀，為何你要選擇這個現狀？你有能力可以改變！

　　人們要保持對新資訊接收的習慣，資訊的落差就是財富的落差，懂得掌握趨勢，就離財富更近。

築夢進行曲

20 位來自不同領域的專業達人與您分享築夢箴言

作　　　者／王顥哲、林思誠、許敏義、王宥勻、沈雲謙、林殷羽、吳昆達、王齡憶、
　　　　　　孫詰洋、楊允淇、崔嘉容、許芷芸、黃俊傑、黃其偉、葉芸伊、郭育彤、
　　　　　　吳家宇、林裕峯、吳佰鴻、高士禮
主　　　編／林裕峯
美 術 編 輯／孤獨船長工作室
責 任 編 輯／簡心怡
企畫選書人／賈俊國

總 編 輯／賈俊國
副 總 編 輯／蘇士尹
編　　　輯／高懿萩
行 銷 企 畫／張莉滎‧廖可筠‧蕭羽猜

發 行 人／何飛鵬
出　　　版／布克文化出版事業部
　　　　　　臺北市中山區民生東路二段 141 號 8 樓
　　　　　　電話：(02)2500-7008 傳真：(02)2502-7676
　　　　　　Email：sbooker.service@cite.com.tw
發　　　行／英屬蓋曼群島商家庭傳媒股份有限公司城邦分公司
　　　　　　臺北市中山區民生東路二段 141 號 2 樓
　　　　　　書虫客服服務專線：（02）2500-7718；2500-7719
　　　　　　24 小時傳真專線：（02）2500-1990；2500-1991
　　　　　　劃撥帳號：19863813；戶名：書虫股份有限公司
　　　　　　讀者服務信箱：service@readingclub.com.tw
香港發行所／城邦（香港）出版集團有限公司
　　　　　　香港灣仔駱克道 193 號東超商業中心 1 樓
　　　　　　電話：+852-2508-6231 傳真：+852-2578-9337
　　　　　　Email：hkcite@biznetvigator.com
馬新發行所／城邦（馬新）出版集團 Cité（M）Sdn. Bhd.
　　　　　　41, Jalan Radin Anum, Bandar Baru Sri Petaling,
　　　　　　57000 Kuala Lumpur, Malaysia
　　　　　　電話：+603-9057-8822 傳真：+603-9057-6622
　　　　　　Email：cite@cite.com.my
印　　　刷／韋懋實業有限公司
初　　　版／2018 年（民 107）7 月
售　　　價／360 元
I S B N／978-957-9699-15-0

城邦讀書花園　布克文化
www.cite.com.tw　WWW.SBOOKER.COM.TW